Inquiry
into
International
Studies

探究の国際学

清水奈名子
Nanako Shimizu
藤井広重
Hiroshige Fujii
編

複合危機
から
学際的な
研究を
考える

ナカニシヤ出版

はじめに
―― 国際学の方法と倫理を問う ――

　グローバル化した現代の世界は，多数の複合危機（complex crisis）に直面している。複合危機は原因，構造，そしてその影響が複雑で多岐にわたるため，伝統的な学問領域における研究に立脚しても，それだけで正確に危機の実態を捉えることは難しい。ゆえに，複合危機と向き合うために多様な学問分野の知見を相互に活かす，「学際的」な研究が求められるようになってきた。

　国際学（International Studies）はこうした時代の要請に基づき誕生したといっても過言ではない。国際学は，人間，社会，文化そしてそれらを取り巻く環境について，さまざまな地域や時代，事象を対象として，多様な研究分野の間を往復しながら，グローバル化した21世紀の社会に生きる私たちが抱く複雑な問いに答えようとする学問である。しかし同時に，国際学は，問題に対し唯一ひとつの正解を導こうとしているわけではない。学際的な性格を有する国際学では，人々の活動や世界の在り様について正確に認識するという「実証的な研究」に加えて，人々がどのような世界を作っていこうとしているのかについての「規範的な研究」にも取り組んできた。

　すなわち，実際に「存在する」と認識されているものを研究すると同時に，「存在すべきもの」として期待されている事象についても研究が蓄積されてきたのである。人権や地球環境の保護，多文化共生などの政策目標は，規範的な研究から生まれてきた概念に由来している。世界はどのように存在しているのかについて学びながら，どのような世界を創り上げていくのかについても考察を深めることができるのが，国際学の特徴であり，面白さでもあると言えるだろう。ここでは，アプローチの数だけ問題に対する答えも存在し，ときに，問題がより複雑にみえるときもあるだろう。だが，複雑な世界を複雑に視る目を育むことができるのも国際学の魅力である。

　学際性を強調すれば何をしても良いかといえば，もちろんそうではない。

国際学という学際性のある領域においても，方法と倫理が存在している。世界に多数存在する問題について，実証的に，そして規範的に研究するには，どのような方法や倫理があるのだろうか。そこで本書は11名の研究者が，自らが立てた問いに答えを出すために，どのような方法や枠組みを用いて調査や研究を行なっているのかについての事例を示すことで，読者が学術的な論文執筆などの研究に取り組む際の手引きとなることを目指している。

　第Ⅰ部は，研究の方法と倫理について考察する四つの章から構成されている。まず第1章の阪本論文「アフリカにおける地域研究の方法と倫理——私の場合」では，地域研究を専門としている著者が，アフリカの地域や人々を理解するために，これまでに試行錯誤しながらいかなる研究方法を選んできたのかを振り返っている。「地域の人々の生活は一つの分野に特化していないために，様々な分野に挑み異なる専門分野の仲間も増やしてきた」と述べた上で，これまで筆者が採用してきた多様な調査・研究方法の特徴，長所・短所を説明している。また研究上の倫理としては，「調査前に相手に研究内容を説明し承諾を得た上で調査を行ない，個人情報を守る等の研究上の倫理も当然重要であるが，現地へのフィードバックも，倫理的に重要である」ことを指摘している点が特徴的である。

　第2章の飯塚論文「災害研究の特徴とその方法——国内外の被災地調査の経験をもとに」では，近年発生した国内外の災害の現状を概観した上で，その定義と種類，現状と他の分野との関わりについて説明しながら，前半において災害とは何かについての理解を深める説明がなされた上で，後半では災害研究の特徴，方法，研究倫理について論じている。被災地での被災者や支援者を対象とした調査・研究に関しては，研究倫理上配慮すべきことが多い点が指摘されると同時に，「災害時に助けたり助けられたりする主体は人であり，防災を追究することは，自分の命や周りの人の命を守ったり，命の大切さを再認識したりすることにつながる」という研究の意義についても述べられている。

　第3章の清水論文「学問の社会的責任とは何か——原発事故後の調査研究をめぐる考察」は，2011年の東京電力福島原発事故に由来する被害の調査とその分析を，著者が学際的な調査・研究活動として実施してきた経験を事例

として紹介しながら,「大規模な事故の被害について、なぜ調査し,分析し,記録することが必要であるのか」,「調査や研究の過程において、いかなる研究倫理上の問題が発生するのか」という二つの問いについて検討している。この問いへの答えを探るなかで,学問の社会的な責任として,「原発事故と同時代に生きる人々だけでなく,後世の人々が,ひとたび原発事故が発生するといかなる被害が発生するのかを認識できるようにする」ことの重要性について考察している。

第4章の松井論文「猫がつむぐ物語——テクストを読む」は,文学研究における実証研究の方法として,「先行研究を参照して自己の研究を位置づけること,作家や作品に関わる情報を調査して考え合わせることが必須」とされてきた一方で,「こうした実証研究を最重視することは,時に研究者を呪縛し,創造性を抑圧してしまうため,周縁情報に囚われないで,文学そのものに向き合うことが提唱されている」ことを指摘する。そして日本とアメリカでそれぞれ出版された擬人化された猫が登場する絵本と,その翻訳書を事例としながら,「学部3,4年生が,主体性を発揮し,独創性のある卒業研究を遂行するために有効な方法の実践として,文学研究の原点に立ち返って,作品のテクストそのものを読み解くこと」を試みている。

続く第Ⅱ部では,国際学におけるキーワードの一つである「多文化共生」をめぐる研究課題について,四つの章において議論している。第5章の中村論文「多文化共生と公共圏——「多文化公共圏センター」の取り組みから考える」は,「グローバル化社会が直面する問題の多くは,共生と排斥の問題」であることに着目した上で,宇都宮大学国際学部附属の多文化公共圏センターの取り組みとその成果を分析しつつ,高等教育研究機関による「公共圏創設」の意味について考察している。特に著者の専門分野である感情心理学の観点から,「公共圏が理性的で言語的な討論を想定するときに,暗黙裡に除外されている人間の感情に注目し,現実の討論の場における感情の問題」について検討し,公共圏に「参加する人たちの感情にどのように配慮し,合意形成のプロセスに反映させていくか」という問題は,「ケアの倫理にも通じる社会関係における倫理としてとらえる」ことの必要性を指摘する。

第6章の申論文「生きられる「多文化共生」——多義的で多面的な「多文

化共生」を実態として捉えるために」は，東京都新宿区の「新大久保と呼ばれるエリアを拠点とする企業家間で形成されたエスニシティ横断的な協力関係」を事例として，「異なるエスニック集団間に形成される共存関係の実態としての「多文化共生」に焦点を当て，この語がもつ課題と可能性を掘り下げる形での再考」を試みている。異なるエスニック集団間で形成される共存関係の実態を「地域における多文化共生」として記述することの課題と可能性を探る作業を通して，「多文化共生」という用語が「しばしばマジックワード化の危険性が懸念されてきた」ことを踏まえて，「「多文化共生」の語を漠然としたまま使用するのではなく，論じる立場や視点を明確化する必要がある」と主張する。

　第 7 章の丁論文「なぜ日本は世界のジェンダー平等の流れから取り残されてしまったのか——東京医大「女性差別」入試から考える日本の課題」は，ジェンダー平等を阻む日本社会の根深い差別構造を浮き彫りにしようとする。日本社会において多様な価値観や文化が認められる際の障害となっている，ジェンダーギャップに関するデータを紹介した上で，ジェンダー平等を達成する際の最大の阻害要因として，公的な意思決定の場に女性が少ないこと，特に「価値観のアップデートができない人たちが意思決定の場に居座り続けていること」が問題視される。その上で，「「変われない日本」を変えていくには，意思決定の場に多様なマイノリティーの声を届ける」と同時に，「「なぜ，誰が，そういう社会的状況を作り出しているのか」という社会の構造を読み解く視点と知識が必要」であると主張している。

　第 8 章の戚論文「儒学から近代への転換期における権力，「知」と知識人に関する言説分析」は，フーコーの系譜学的な言説分析法を用いながら，中国知識人の移り変わりについて検討している。具体的には，「中国知識人は儒学者から近代的な個人へ，偉大な知識人から政権の下僕へ」と変遷を遂げてきたこと，さらに「歴史的に見ると，異なる中国社会状況が，異なる知識人像を形成し，異なる「知」を語らせてきたこと」を明らかにしている。なかでも，デューイのプラグマティズムが儒教文化を背景に持つ中国知識人と中国社会に「民主主義」，「自由」と「科学」の有効性を教えたことに着目し，このデューイの実用主義が中国の近代化へ与えた影響の大きさや土着化する

プロセスの解明を試みると同時に，毛沢東政権とその後継者たちが，知識人を統治するために用いた様々な方法の変化についても検証している。

最後に第Ⅲ部では，国境や地域を超えてどのような社会を目指すのかについて考察するグローバルな倫理に関する課題について，事例をあげながら学術的な方法で議論している。第9章の松尾論文「権威主義体制を支える民主主義体制——石油貿易と政治体制」は，産油国でしばしば見られる紛争や民主主義の低下といった現象が「石油の呪い」として知られるが，その要因について示されてきた新たな知見が，国家や社会をモデル化して分析した成果であることに着目する。モデルを作ると，そのモデルを使って現実をある程度再現可能となり，現実の変化を予想できる。そこで，本章は石油・天然ガスの貿易量と輸出入国の政治体制の関係についてのモデルを構築し，現象の分析と理解への道筋が丁寧に示される。世界中の国を対象に，多様なデータを投入して仮説を検証するという仮説検証型の分析は，今後の社会科学の主流となっていくと指摘されるように，計量分析のためのアプリケーションもますます使いやすくなっている。本章を通して，計量分析に関心を持つ読者が現われることが期待される。

第10章のアルジョン論文「民主主義の再定義——東南アジアにおける紛争後の変革をナビゲートする」は，東南アジアにおける紛争後の制度改革，社会統合および移行期正義に着目し，民主主義を構築することの複雑性を明らかにしている。複数の事例から指摘される脆弱な制度，社会の分裂，民主的経験の欠如といった問題は，民主的再建プロセスに大きな影響を与える一方で，本章は民主主義の解釈に対し，地域独自のアプローチの可能性にも言及しており興味深い論点を指摘している。国際的な規範と地域の規範の連関につながる問題提起は，紛争後の国家再建をめぐる重要なテーマであり，本章での議論を土台にさらなる学術的展開が予期される。

第11章の藤井論文「武力紛争後のアムネスティ（恩赦）と国際法——ウガンダにおける和平交渉と平和構築の事例から」は，武力紛争後の平和構築において繰り返し課題にあがる平和と正義の相克を中心に，国際刑事裁判所による介入が和平合意に与える影響とアムネスティ法が制定されたことが司法介入にどのような影響を与えるのか，ウガンダを事例に紐解く。ウガンダ

政府は，自身の利益になりそうなときは国際法を巧みに利用し，そうでなければ法ではなく現地の意思を優先してきた。これは他のアフリカ諸国にも見られる戦略であり，いかに外部の環境を自己の利益に結びつけることができるのか，国際法も巧みに利用されている。このため，本章は国際法が紛争地域に介入することで，現地社会の現実がどのように展開してきたのか，また展開するのか，政治学や地域研究の視座の重要性も説いている。

　以上，本書に所収された11本の論文を読むことで，その内容について学ぶだけでなく，どのような方法と倫理を意識しながら研究に取り組んでいるのか，そして，専門性に基づく問題意識から学際的なアプローチに至る研究の広がりを読み取っていただきたい。

清水奈名子・藤井広重

目　　次

はじめに　　*i*
　　──国際学の方法と倫理を問う──

第Ⅰ部　国際学研究の方法・倫理を考える

第1章　アフリカにおける地域研究の方法と倫理 …………………… 2
　　　　──私の場合──
　　■阪本公美子

1　多様な専門分野からの研究　　2
2　研究やフィールド調査でこだわっていること　　3
3　これまでの研究とその方法　　5
4　研究・調査方法（まとめ）　　9
5　私の研究テーマやその方法がどのように評価されてきたか　　14
6　学生に何を伝えられるか　　16

第2章　災害研究の特徴とその方法 …………………………………… 22
　　　　──国内外の被災地調査の経験をもとに──
　　■飯塚明子

1　災害とは　　22
2　防災サイクル　　29
3　災害研究の特徴　　32
4　災害研究の方法　　35
5　まとめ　　38

第3章　学問の社会的責任とは何か …………………………………… 40
　　　　──原発事故後の調査研究をめぐる考察──
　　■清水奈名子

1　原発事故に直面した学問の役割を問う　40
2　なぜ原発事故被害を調査するのか　41
3　原発事故被害の実態調査と問題構造の分析　48
4　倫理的な課題と学問の社会的責任　53

第4章　猫がつむぐ物語 ……………………………………………………… 59
　　　　　──テクストを読む──
　　　■松井貴子

1　はじめに　59
2　比較文学比較文化研究として，テクストを読むということ　60
3　ちいさな島 *The Little Island* と猫のカルテット　64
4　おわりに　71

第Ⅱ部　多文化共生をめぐる研究課題を考える

第5章　多文化共生と公共圏 ……………………………………………… 74
　　　　　──「多文化公共圏センター」の取り組みから考える──
　　　■中村　真

1　はじめに　74
2　公共圏を創設することの意義　75
　　　──共生と排斥の問題──
3　公共圏と感情　79
4　多文化公共圏センターの取り組みと新たな公共圏創設の要件　83

第6章　生きられる「多文化共生」 ……………………………………… 92
　　　　　──多義的で多面的な「多文化共生」を実態として捉えるために──
　　　■申　惠媛

1　はじめに　92
　　　──実態として捉える「多文化共生」再考の試み──
2　「地域における多文化共生」の前提を問い直す　93

  3 誰による，誰にとっての，どのような関係形成か 98

  4 むすびに 103
    ――「地域における多文化共生」という視点の可能性――

第7章 なぜ日本は世界のジェンダー平等の流れから取り残されてしまったのか……108
    ――東京医大「女性差別」入試から考える日本の課題――
  ■丁 貴連

  1 はじめに 108

  2 先進国最下位となった日本のジェンダー・ギャップ指数 109

  3 東京医科大学の不正入試が炙り出す日本社会の構造的問題 116

  4 おわりに 126

第8章 儒学から近代への転換期における権力，「知」と知識人に関する言説分析……131
  ■戚 傑

  1 はじめに 131

  2 系譜学でみる権力と知の相関 132

  3 近代中国における「知識人」の変遷 135

  4 時代に翻弄される現代中国知識人 139

  5 おわりに 147

第Ⅲ部 グローバルな倫理をめぐる研究課題を考える

第9章 権威主義体制を支える民主主義体制……152
  ――石油貿易と政治体制――
  ■松尾昌樹

  1 石油の呪いモデル 152

  2 貿易，経済成長，民主化 155

  3 重力モデル 156

- 4　分析結果　159
- 5　今後の研究　162

第10章　民主主義の再定義　165
――東南アジアにおける紛争後の変革をナビゲートする――
■アルジョン・スギット

- 1　はじめに　165
- 2　民主的価値　168
- 3　ケース・スタディ　171
- 4　結　論　179

第11章　武力紛争後のアムネスティ（恩赦）と国際法　183
――ウガンダにおける和平交渉と平和構築の事例から――
■藤井広重

- 1　司法介入をめぐる問題系と学際性　183
- 2　司法介入とアムネスティをめぐる概念と先行研究　186
- 3　ウガンダからみる平和と正義のダイナミズム　190
- 4　おわりに　195
  ――平和構築から国際法を考える――

*

おわりに　201
――次世代につなぐ，学際的な学問としての国際学の可能性――

第Ⅰ部

国際学研究の方法・倫理を考える

第 1 章
アフリカにおける地域研究の方法と倫理
　——私の場合——

阪本公美子

1　多様な専門分野からの研究

　本書の執筆者たちが所属する宇都宮大学国際学部では，多様な専門分野を学ぶ機会があるが，私の専門とする地域研究でも，多様な分野から対象地域にアプローチしている。私が所属する日本アフリカ学会や国際開発学会でも，異なる専門を背景とする研究者が，共同研究を行ない，定期的に大会にて研究成果を共有している。

　思い起こせば大学院の頃から，異なる大学からの他分野・多分野の院生と研究会を毎月開催し，相互に研究を共有していた。学部は外国語，修士は経済学，博士は国際関係専攻と，あえて異なる専門を学んできた。修士と博士の間に 5 年間，国際機関での勤務の際，アフリカ（タンザニア）で暮らした。それをきっかけに，アフリカを研究対象とした地域研究を専門としている。地域の人々の生活は一つの分野に特化していないために，様々な分野に挑み異なる専門分野の仲間も増やしてきた。

　様々な分野からアプローチすると，特定の決まった研究方法が確立しているとは限らない。本稿では，あくまでも「私の場合」と断わった上で，アフリカの地域や人々を理解するために，どのような研究方法を選び試行錯誤してきたか振り返り，今後様々なテーマを研究しようとする読者の参考資料と

したい。まず2で私が研究をするにあたりこだわってきたことを述べる。3では，これまでの研究を振り返り，どのような研究方法を取ってきたか紹介し，4でそれらの研究・調査方法をまとめ，それぞれの特徴，長所・短所を述べ，研究方法を選ぶヒントを示す。5で学際的な方法に基づく私の研究の評価を紹介した後，6では，これらの研究経験を踏まえ，学生にどのようなことを伝えられるのか，そして共に研究をしていけるか，考えてみたい。

2　研究やフィールド調査でこだわっていること

私が研究やフィールド調査においてこだわっていることを4点示す。

(1) やりたい研究をすること

これまで，基本的にやりたい研究を大切にしてきた。その研究をやりたい理由は，地球的課題として対象地域に問題意識を持ったこと，対象地域をより詳しく知ることによって課題と感じたこと，疑問に思ったことや興味を持ったこと，ひらめいたことなどがきっかけであった。研究のテーマや対象を自ら決定することは，研究の主体性や自発性，モチベーションにつながり，困難に直面した場合でも乗り越える活力となる。ときに指導教員等の指導や研究仲間の助言のもと方向転換や軌道修正をしたり，頼まれた題材について発表・執筆したりすることもあるが，それでもなんらかの形でテーマに関心がある。

(2) 多様性・構造と関係性

背景として念頭に置きたいのは，多様性と構造である。世界から国，国から村レベルをみても，社会や文化の多様性がある。さらに地域社会内でも，性別・ジェンダー・年齢層等の属性，民族，教育・所得レベル等でも多様性がある。研究対象を一般化するのではなく，多様性の中で位置付けて考えたい。

多様性の中には，格差や構造が潜んでいることが多い。格差や構造の中で，私自身の関心は，どちらかというと強者や権力者ではない地域，国，人々に

向いている。ただ私が関心を持っている人々を必ずしも「弱者」や「貧者」として位置付けているわけではなく，むしろ逆境の中での力強さや，学ぶべき創意工夫や暮らしのあり方に敬意を持ち，そこから理論や概念だけ理解しているとみえにくい真実に近づくことができると考え関心を持っている。さらに，格差や構造的な理解，一般的なステレオ・タイプや常識が裏切られることにも，学びと発見の喜びを感じる。

　自身と調査対象者との関係も認識する必要性がある。調査地に長く滞在しなじむことも大切であるが，もう「地元民だね」と言ってもらえても，実際に外国人であることから逃れることは難しく，仮に地元民のようになっても今度は地元の人間関係から逃れられない。そういった関係性を踏まえて，調査結果を解釈する必要がある。

(3) 調査地と言語について

　教育上はアフリカ・途上国全般について教え執筆し，教育や活動の一環として日本を対象にすることもあるが，研究としては主にタンザニアを中心としてきた。タンザニアは，必ずしもアフリカの中で最も剝奪されている国ではないが，5年間勤務・居住したご縁をきっかけに，主に地方に暮らす人々の考えや行動に関心を持ち，研究を続けている。

　タンザニアには100以上の民族とそれぞれの民族語が存在するが，独立後スワヒリ語が国語として確立している。教育もスワヒリ語を媒体として推進されたため，一部民族の高齢者を除くと，全国的にスワヒリ語が人々の生活の中で定着している。教育レベルの高いインテリには英語を流暢に話せる人もいるが，若者の観光客・外国人に対応する客引き・冷やかしのような英語や，地方年配者の植民地時代に学んだと思われる命令口調や媚びた英語には違和感と距離感を感じる。対照的に，スワヒリ語で話すとより身近に感じる。よってタンザニアの村での調査は必ずスワヒリ語で実施することにこだわっている。

(4) 現地へのフィードバック，研究成果の還元

　もう一つこだわっていることは，研究成果を国際的にだけでなく対象地域

に還元することである．一般的に求められる，調査前に相手に研究内容を説明し承諾を得た上で調査を行ない，個人情報を守る等の研究上の倫理も当然重要であるが，現地へのフィードバックも，倫理的に重要である．そのために英語で研究成果を発表することに加えて，可能な場合はスワヒリ語でも現地に還元したい．試行錯誤しながら，質問票調査のスワヒリ語の集計結果，栄養素の高い食用雑草に関するスワヒリ語のポスター，アンケート集計結果の分析を学生と共に学会にて発表した英語のポスター［Sakamoto et al. 2023b, 2023c］等を現地に持参し，還元してきた．特に最後の事例は，教育・研究・国際地域貢献をつなぐことができたベスト・プラクティスになったと自負している．

3　これまでの研究とその方法

これまでの研究テーマについて研究方法を振り返りたい．

(1) 発展や社会のあり方に関する研究

人間開発・社会開発・内発的発展について

修士論文のテーマとした人間開発に関する研究では，その概念を経済学説史的に整理した文献による理論研究で，日本の人づくり政策を評価・考察した［阪本 1997］．宇都宮大学に着任早々出版させてもらった国際学部出版の図書では，現地で収集した教育，経済指標と栄養失調，乳児予防接種と死亡率等のタンザニアの州別データの分析結果を，歴史的な視点から解釈・考察した［阪本 2004］．

博士論文として取り組んだ社会開発と文化，内発的発展に関する研究［Sakamoto 2009＝2021；阪本 2020］は，複数の方法をとった．文献研究によって開発と文化概念の理論的整理を行ない，時系列に統計分析を政策に照らし合わせ，それらの内発性と社会開発を評価した．フィールドでの質問票インタビュー調査や参加型グループ討論（性別・年齢別）からは，地域社会の中でも開発と文化に対する認識の差を明らかにした［阪本 2005］．さらにタンザニアにおける内発的発展に関して考察し［阪本 2007a］，国際的に発信した

［阪本 2021］。

モラル・エコノミーと相互扶助について

博士課程を修了し宇都宮大学に着任する前に，アフリカ・モラル・エコノミー(2)に関する研究に誘われ，相互扶助に関する研究もはじめた。モラル・エコノミーを内発的発展とつなぐ役割を担ったが［阪本 2007b］，この頃タンザニア南東部で住み込み調査をはじめ，参与観察を経た後に，相互扶助に関する質問票インタビュー調査を行なった［Sakamoto 2007, 2008a, 2011］。この住み込み調査の経験も踏まえて，周辺から内発的発展を考察する意味も考察した［阪本 2014］。

住み込み調査をするにあたって，先輩フィールドワーカーから二つの貴重なご助言をいただいた。一つ目は，村で住み込む家を，裕福な家ではなく普通の民家にすることである。その助言に従い，村長さんたちの案内で「普通の民家」に住み込み，家族のように扱ってもらい，何年間もその村で調査をする度にそのお宅の「娘」となった。「普通の民家」といえど，村の「お父さん」は周りから信頼される存在であり，多くのことも教わった。亡くなられた後，教わったことを学会発表や論文としてまとめ，ご遺族に持参した［Sakamoto 2018］。

2つ目は，質問票調査をするにせよ，住み込み調査等を行なって地域の状況を理解しないうちから質問を作成したら的外れになるため，地域を理解した上で質問を作成することである。上記の質問票インタビュー調査もこの助言に従った。

(2) 社会関係に関する研究

母系・父系の継承について

タンザニア南東部で住み込ませてもらっていたお宅には，入れ替わり立ち替わり人が訪ねてきた。関係を口頭で聞いても把握しきれないので，家の玄関のベランダやゴザの上で模造紙を広げ，家系図を書くことにした。最初は関係を中心に書いていたが，それぞれの出生年月日，氏名，氏族名も書きはじめ，故人もたどれる限り書き込んだ。

以前から関心のあった氏族の母系的継承に加えて，村の友人の教示によって，ムウェラの民族が母系と父系双方から継承する両系であるという，それまでほぼ記録にない事実を，その後行なった2村21家族の家系図の調査と合わせて明らかにした［阪本 2011］。家系図調査は計画していた研究ではなく，住み込み調査から自然発生的に行なった。

女性世帯主世帯について
　ある研究会に招聘され発表し「女性」に言及したところ，女性世帯主世帯か夫婦世帯なのか問い詰められ，答えに窮した。これをきっかけに，女性世帯主の研究をはじめた。村に元気で強い女性世帯主が身近にいたため，私もしばしば語られる脆弱な「女性世帯主」像には疑問があった。質問票インタビュー調査結果から，女性世帯主世帯と夫婦世帯の比較分析［阪本 2010 ほか］や，女性たちの半生に関するインタビュー調査［阪本・黒田 2013 ほか］を行なった。

子どもの生存について
　タンザニア南東部の相互扶助に基づくモラル・エコノミーについて研究してきたが，研究対象地であるタンザニア南東部や中部では乳幼児死亡率が高いことに矛盾を感じるようになった。乳幼児死亡率が高かったタンザニア3地域の農村の女性たちに質問票インタビュー調査を実施し，統計的に分析した。その結果，確かに食に関する相互扶助に内包されている子どもの生存の確率は高まるが，相当数の母子がそういった食の相互扶助に含まれていないことを明らかにした［阪本 2018：Sakamoto 2020］。質問票インタビュー調査をする際には，村内の違いを理解するために，村の全村区を歩き，水や教育・保健医療サービスへのアクセスも観察した。

(3) 在来知に関する研究
薬用植物について
　当初，薬用植物に関する在来知を記録・共有することを研究目的としていたが，私が調査してきた地域では，薬草医や呪医が治療して謝礼をもらうこ

とが多く，情報を共有することによる収入喪失を恐れ秘密にしたがった。薬草医や呪医と信頼関係を築き，植物と情報提供者を紹介するが，処方については専門家に委ねることを明記する形で開示することに承諾を得た。植物と薬用用途に関する在来知を集め，薬草医や呪医の紹介する薬用植物の情報を本として記録・共有した［Sakamoto and Mbago 2020 ほか］。一般的な倫理審査において個人情報の保護の観点が強調されるが，知識提供者の氏名開示希望の確認も，テーマによって重要である。

　この調査では薬草医や呪医に薬用植物の生育地に案内してもらい，使用する部位・用途・処方等について聞き取り，その場所の GPS 情報を確認した上で植物を採取・撮影し，タンザニアの植物学者に同定してもらった。レッドリストに掲載されている絶滅危惧種かどうかも調べた上で，研究成果の発表による乱獲を防ぐため GPS 情報は記録のみに留め，開示していない。

野生食物と食について

　食用植物は地域内での共有性が高く，栄養価等の評価はよりわかりやすい。東アフリカを含む多くの国では，気候変動の影響もあり栽培作物の農業の失敗が目立つが，野生植物は個人が占有しないコモンズであるため，人々——特に貧困者——の生存や栄養状況の改善に寄与する可能性が高い。

　薬用植物と同様，植物を採集・撮影し，食べる部位や食べ方等を聞き取った。食べている野生食物や食品群，健康状態について，各村 100 名程度を対象に実施した質問票インタビュー調査をもとに［Sakamoto et al. 2021 ほか］，野生食物と健康の関係について相関関係等の統計分析を行ない，対象地域にて野生食物摂取が健康と関連していることを示した［阪本ほか 2021b］。採取・同定した食用植物の栄養素に関する先行研究を収集し，健康効果があると思われる半乾燥地の食用雑草の栄養素を測定し［Sakamoto et al. 2022］，スワヒリ語でポスターを作成・配布した。

　食の質的な把握のため 3 地域 15 世帯を対象に，レンズ付きフィルム「写ルンです」で毎食・間食の撮影とともに食事日誌を雨季と乾季に 5 日間程度記録もしてもらい，具体的な食事や食材，入手方法や世帯内差等を分析した［阪本ほか 2022］。複数の手法で調査してきたタンザニアの在来食・近代食の

変容や地域差，野生食物の可能性を，健康と相互扶助と関連して分析し，タンザニアの研究者を含む仲間と国際的に出版した［Sakamoto et al. 2023a］。

最近は，各校 80 〜 100 名を目途に小学校高学年を対象にアンケート調査を実施し，分析をはじめた［Sakamoto et al. 2023c ほか］。子どもたちの絵の分析［Sakamoto et al. 2023b］や好きな野生食物に関する参加型討論も実施した。

4　研究・調査方法（まとめ）

それぞれ研究の目的・トピックや対象者によって，適切・不適切な調査方法が異なっている。本節ではそれらの調査方法をまとめる。

(1) 人に聞く・書いてもらう

「人に聞く」方法は，フォーマルな構造化されたもの，つまり質問が決まっているものから（書いてもらうものも含む），一部質問を決め回答をオープンエンドとし回答によって質問を追加する方法，題材について比較的自由に聞く方法等ある。さらに構造化・役割分化の度合いが低いインフォーマルな方法として，会話や対話，語り等もある［佐藤 2002：233］が，それらは（2）で言及する。

質問の答えを書いてもらう質問票等

書面にて質問票（アンケート）に書いてもらう方法は，アフリカ農村で読み書きできない人の声も聞きたいため，なるべく採用してこなかったが，最近では，学校で小学生を対象に実施している。小学校に通っていない子どもが対象にならず，学校というフォーマルな場での回答になるという欠点はあるが，小学校教育が普及するなか，将来の世代のマジョリティとなる小学校に通う小学生どのような価値観を持つか把握するためには意味がある。同時に複数の対象者から回答を回収できるために，合理的な方法ではある。

世帯に食事日誌を記録してもらったこともある。ただ読み書きが得意でない場合，対象者に負担をかけると共に，実態把握が困難になり得る。

決まった質問を聞く構造化インタビュー

決まった質問を聞く構造化インタビューの一例として質問票インタビュー調査を行なってきたが，方法は，質問票に基づくが，個別インタビューを基本としている。各村で 100 名程度を対象とする場合，到底一人ではできないため，数名現地調査助手を雇って実施してきた。読み書きができる比較的若い人を対象とする場合，書いてもらう方法もあるが，質問に対する誤解や誤記等少なくない。

統計的な量的調査対象の模範的な抽出方法は，無作為抽出によって代表性が確保できると考えられ，論文投稿した場合問われることもある。ただタンザニアでは村レベルの住民台帳はあるものの，村の中の村区ごとに住民台帳があるのは稀である。タンザニアの村を歩いてきた感覚でいうと，村レベルで無作為抽出をすると，村内の地域差（例：野生食物・水へのアクセス等）が把握できない危惧があり，無作為抽出より村区ごとの代表性を優先してきた。現地で存在する情報をもとに，状況に応じた判断が必要である。

構造化インタビューで特定の質問に対して多くの回答を得，比較や統計的分析も可能となる。質問の内容によって的外れもしくは失礼にならないか注意は必要であるが，日常では聞けない質問をし，答えを得ることもできる。調査の問題設定・質問項目・仮説など「あらかじめ聞き出す項目が決まっているため，データを整理する時にあまり悩まなくても済」むが，「その反面，新しい発見はそれほど期待できない」「非生産的で退屈なインタビュー」［佐藤 2002：233 - 234］という批判もあり，私自身予想しなかった結果の解釈が難しいと感じたこともある。この点に関しては，私は質問票インタビューの中でも，答えからさらに追加で質問をすることによって，予想できなかった答えを理解してきた。ただ問題自体が明確になっていない時期は，インフォーマルな聞き取り等が重要になる［佐藤 2002：233 - 234］。

あらたまった形で聞く半構造化インタビュー

オープン・エンドな（質的で自由な答えを期待する）質問を聞き，答えに応じてさらに質問する方法もある。他方，質問項目を決めず聞き取る方法もある。ライフヒストリーも一例である（中川［2000］参照）。女性たちに，生ま

れてから，儀礼，出産や結婚，今日まで語ってもらい，途中必要に応じて答えに対して質問をしたこともある。これらのインタビューの場合，じっくりと話を聞きたいため，あらたまった形でフォーマルに聞くことが多い。

　少数を対象にする質的調査の場合，どのような観点で対象者を選ぶかが重要である。たとえば，女性たちの半生のインタビューでは，女性世帯主世帯と夫婦世帯，世代等に目配りをし，バランスを考えて対象者を選んだ。現地調査助手に対象選びを頼る場合，調査助手がどの程度テーマを理解しているかも重要である。

　質問をどの程度事前に決めるか，迷う観点である。ある程度質問項目を決めた場合，流れが不自然になるリスクもあるが，複数の対象者の答えを比較する軸を確保することはできる。他方，少人数を対象に自由に質問をした場合，その発言のコンテクストが深く理解でき，予想しなかったことを発見できるという利点がある。しかしあまりに自由すぎると，その情報をどのようにまとめるか，困難に陥る可能性も否めない。また対象者が何を話したらよいのか，何を求められているかわからない可能性もある。ライフヒストリー等，人生の節目がある研究テーマの場合，そのリスクは回避しやすい。これらの質的なインタビュー方法は，何等かの仮説を実証するというより新たな理論的枠組みを調査結果から作り出すこととなる［Rubin and Rubin 1995：56］。

　フォーマルなインタビューの記録としては，聞き取りメモ，聞き取り記録と，逐語録がある。逐語録とは，インタビュー対象者の承諾のもと録音し，それを書き起こすものである。前提として，インタビュー対象者が録音に同意することが必要であるが，録音をできたとしても，できなかった場合でも，聞き取りメモは必須である。証言内容を考察しやすいという観点と，文字起こしがかなり時間をとり億劫な作業になり得ることから，逐語録より，聞き取りメモをもとに作成した聞き取り記録のほうを優先して作成することを薦めているフィールドワーカーもいる［佐藤 2002：273-274］。実際私も，インタビューがスワヒリ語ということもあり，聞き取りメモから聞き取り記録を作成し，逐語録を作成することはあまり得意としてこなかった。しかしガーナ留学中の学生による英語での逐語録を読み，情況を正確に再現し貴重な資料になっていることには感動した。文字起こしを一部機械に頼ることもでき

るようになりつつある昨今，テーマ・分野や言語によって客観性が高い逐語録が必要になることもあるだろう。

グループを対象に話を聞く参加型討論

一対一ではなく，グループを対象に討論を行なってもらう参加型討論は，1990年代以降，開発の分野で一世を風靡した［チェンバース 2004］。この場合，その議論をファシリテートする技能も必要である。開発と文化の研究では，年齢と性別ごとのグループで特定テーマについてディスカッションしてもらい，差異を把握した。これは現地でファシリテーターの訓練を受けた人々の協力も得たが，一部ファシリテーターの誘導が気になった場面もあった。最近は自ら小学生を対象として人気のある野生食物等，把握している。グループでの参加型討論は，楽しく自然にできると集団の価値観や雰囲気をつかめた感覚にもなる。他方，参加者が個人的な情報等はあまり発言しないこと，声の大きい人の声が強調されること，グループのダイナミックがあり流れの中での発言となる可能性もあること等，注意も必要である。

(2) 現地で見聞きする，調べる

現地で見聞きをする参与観察

タンザニアの村での住み込みの参与観察は，私の研究人生において貴重な体験であった。現在は広域で調査をはじめ，そういった贅沢な時間もとれていないが，住み込み調査はタンザニア研究者として，スワヒリ語の習得と，地域におけるコンテクストの理解の糧となった。電気のない村で，日中はフィールドノートを片手に村を歩き回り調査をし，日没前に生活上すべきことを済ませ，日没後住み込み先の家族とベランダに座り，何気ない会話をし，近所の人が通るとあいさつと近況の情報共有が続く。参与観察の基本は，フィールドノートに一見研究テーマと関係がなさそうなことも含め見聞きしたことを書き込み，それを忘れる前に「フィールドノーツ」として清書することが鉄則であるという［佐藤 2002：193］。電気のない村で清書することは容易ではないため，なかなか実現できたとは言い難いが，時間が経つと自分が何を書いたか再現できないことも実感した。すべて見聞きしたことが一対

一で効率的に研究成果につながるわけではないが，家系図調査につながった例のように，自然発生的な研究テーマの発見につながることもある。しかし村での生活になじむことによって，研究より地域での生活や人間関係が最優先され，研究者として「沈没」［和崎 1977：69‐70］する文化人類学者もいることは頭の片隅においておきたい。地域での生活者の視点を理解しながらも，研究者としての視点も保持するバランスが重要である。

植物の観察・採取・聞き取り

環境や植物を理解する方法として，植物の葉，可能であれば花や実を採取し，押し葉を作成してきた。場所によって植物の分布が異なるため，地名やGPS の情報も不可欠である。これをもとに（もしくは同行してもらい），現地の植物学者の専門家に同定してもらう。植物図鑑作成のために植物全体，葉，あれば花や実，木の場合，幹等の写真もなるべくきれいに撮影する。食用・薬用植物については，利用する部位や用途，料理法等も聞き取り，整理し，まとめてきた。乾季には落葉樹は葉がないため，同定が困難になる。

(3) 写真を撮る，絵を描いてもらう

写真の撮影は研究上貴重な資料となる。写真の質も重要であるが，植物の場合，なるべく早くその写真を整理しないと，何の植物の写真かわからなくなる。研究への活用のためには，撮影日，撮影場所，植物の現地名や学名等を明記し，ファイルの整理をすることが大切である。重要性は内容によって異なってくるが，他の写真についても，見聞きした内容と同様，人間の記憶が薄れるため，なるべく早い整理が望ましい。

人の写真を撮る場合，肖像権について注意が必要であり，アフリカでは特に人々の意識が強い。人の写真を撮る場合，必ず許可を取って撮影し，可能であればその写真を後日，本人にも共有することが望ましい。

最近はじめたのが，調査する側が設定したテーマを示して子どもに絵を描いてもらい，分析する方法である。子どもたちに 2B 以上の鉛筆でアンケートに描いてもらったり，少人数の子どもに色鉛筆で，スケッチブックに描いてもらったりした。描いている種類の数や，植物の場合，全体を把握してい

るのか部分的に把握しているのか等新たな側面もみえ，フィードバックもしやすい。

(4) データを分析する

これまで州別データやアンケートで収集したデータの相関関係やロジスティック回帰分析等行なってきた。質問票調査等で量的なデータを集めた場合，有効になる手段である。また既存のデータでも行なうことができる。

(5) 調査内容を位置付ける

研究内容を，より広い・深いコンテキストや先行研究を踏まえた上で，何が言えるのか，考察することは研究上もっとも重要なプロセスの一つである。先行研究・理論・歴史等より広い視野から，自らの研究がどのような意味を持つのか，自らの頭で考え，研究成果の重要性や新規性を示す手続きでもある。

5　私の研究テーマやその方法がどのように評価されてきたか

これらの学際的な研究方法に基づく研究は，どのように評価されてきたのだろうか。

(1) 社会開発と文化，内発的発展に関する研究の評価

博士論文の成果については，「重要な学術研究の成果の発信」になる学術図書として評価され，科学研究費の研究成果公開促進費の助成を受け英語〔Sakamoto 2009〕と日本語〔阪本 2020〕で出版した。恩師からは，以下の推薦をいただいた。

> 筆者は国連職員としてタンザニアの現場で働くなか，地元の文化と調和した社会開発とはどういうものでなければならないかを，深く考えさせられた。この疑問から発して，本書は外部からもたらされる開発に人びとはいかに主体的に参加し得るかを分析している。従来の社会開発の理

論を，豊富なデータに基づき，文化を重視する内発的発展の立場から再構成した画期的な力作である。南の社会，開発問題を自分の眼で見直したい人たちに薦めたい。［西川潤，Sakamoto 2009，阪本 2020：6］。

　方法については，文化人類学者からは「二項対立的な思考」［石田 2009］という批判もあったが，国際開発学会の学会誌『国際開発研究』の書評では，二項対立的な批判に対しても「開発現場における人々の認識の在り方に厳しい現実がある」背景の解説を，開発人類学者の立場からいただいた。さらに，筆者がタンザニアにおける社会開発事業に関わった実績や，「フィールドにで根差した長い観察力と姿勢」や「丹念なフィールドワークと質的調査により，民族誌的な考察に成功させていること」や，「社会開発の文脈の中で扱われる言説としての「文化」と向き合っている」ことについても評価を得た［関谷 2020：165-166］。『アジア・アフリカ地域研究』の書評では，「タンザニア研究者や国際協力を志す人には必ず手にとってほしい一冊」と評され，調査協力が得られたのは「著者が調査のなかで地域住民と良好な人間関係を築いてきた結果」と理解いただいたが，「調査地域の人びとの語り」や「感情の揺れや動き」に関する描写にも期待が寄せられた［中澤 2021：110］。

　英語発表の意義については，日本アフリカ学会の学会誌『アフリカ研究』の書評で評価された［斎藤 2010：62］。タンザニアの調査地であるリンディでは，論文を読んでいた州職員から「あなたが Kumiko Sakamoto!」［阪本 2022：315］と感嘆のもと声をかけられた。

(2) 母系・父系の継承に関する研究の評価

　古典的な文化人類学的テーマである母系と父系の継承に関する研究は，文化人類学者の多い学会にて査読を経て『アフリカ研究』に掲載し［阪本 2011］，その過程で学ぶ機会も得た。ResearchGate という研究者のインターネット上のコミュニティでも 4429 名が，ムウェラ氏族継承のより詳細なデータを掲載した英語論文［Sakamoto 2008b］を閲覧しており，海外からも幅広く反響を得ている。

(3) 子どもの生存と相互扶助についてに関する研究の評価

子どもの生存と相互扶助に関する研究成果は，『アフリカ研究』にて査読論文として掲載され［阪本 2018］，より包括的な内容も，国際的に著名な出版社 Springer でも出版した。『国際開発研究』の書評では，本書で骨格としているユニセフの概念的枠組みを熟知している元ユニセフ職員に，「SDGs などの普遍的世界的な目標を，特殊な条件の地域やコミュニティで達成するためのひとつのモデルを提供している」と評され，『開発と文化における民衆開発』でとりあげているハイコンテキストの視点との相互の照合への期待も寄せられた［久木田 2021：169］。

(4) 野生食物と栄養・健康に関する研究の評価

野生食物と影響・研究については，野生食物と健康について，『国際開発研究』にて査読論文として掲載した［阪本ほか 2021］。より包括的な内容については，Springer にて国際共編著として出版した［Sakamoto et al. 2023a］。

学際的な学会においても，学際的な方法が無条件に受け入れられてきたわけではないが，新規性のある視点を開拓してきたことは，上述の通り学会等で一定の評価を得てきた。

6　学生に何を伝えられるか

私の研究やその方法をそのまま学生が踏襲できるとは限らない。では，この経験値から何を伝えられるだろうか。

(1) 関心や問題意識，比較優位・できることをする

まず自ら考え・体験し，それぞれの関心や問題意識を大切にしてほしい。それぞれの得意・不得意もあるので，比較優位を活かし，できることを研究することを薦める。

(2) デスク・リサーチ

研究の前提となるのは文献研究である。すべての研究は，テーマについて

のそれまでの先行研究を理解した上で，自らの研究を位置付ける必要がある。

　アフリカに関心を持っても必ずしも渡航できると限らないが，渡航せずどのような研究方法があるだろうか。先行研究の把握としてだけでなく，文献を整理してレビューする研究スタイルもある。理論を読み込み，応用して分析する方法もある。資料を調べ，歴史的に物事を考察する方法もある。自ら集めた一次資料で統計分析をする方法もあれば，各国の既存データ等を活用して分析する方法もある。ばらばらにある情報を集めて，整理して分析する方法もある。テーマによるが，デスク・リサーチには様々な研究の可能性がある。

(3) フィールド調査

　フィールド調査について，インタビュー調査，アンケート調査，参与観察，写真や絵の紹介をしてきた。インタビュー調査は，ひとつひとつを丁寧にすることによって，そのプロセスによる学びが多い。関心のある活動をしている組織にインタビューをさせてもらう方法もある。アンケート調査も，インターネットを介した調査が主流となりつつあるが，その場合は情報にアクセスできる人に回答が偏っていることは認識した上で分析する必要がある。絵の分析は，絵をきっかけに聞きとりや参与観察と組み合わせる工夫や，絵のカウントや考察もできる。参与観察は，住み込み調査の場合「沈没」には注意が必要であるが，素晴らしい経験ができる可能性が高い。フィールド調査に関する教科書的な文献でも，各研究分野・テーマ・観点からの経験や方法が提示されている［須藤 1996，荒木・林 2019 ほか］ので，自らのテーマや観点に近いものからヒントを得てほしい。

(4) 研究目的にあった研究方法

　研究方法については，研究目的やテーマによって最適なものは異なってくる。論文執筆そのものについてルールはあり，研究方法も定まっている分野も多いが，学際的な研究方法には必ずしも王道はない。研究目的やテーマに合わせて適切な研究方法も模索することから研究がはじまる。

(5) 相手がいる調査の場合，なんらかの形でフィードバックをする

　私も試行錯誤しながらではあるが，学生にも相手がいる調査の場合，なんらかの形でフィードバックをしてほしい。研究内容によって方法は異なるが，知識を共有してくれた調査対象者への敬意を示すことにもなる。さらに適切な形での研究成果の公開は，社会貢献につながる。

(6) 当たり前を疑う，柔軟な発想

　最後に，若い学生たちには，社会のあり方について，当たり前を疑う柔軟な発想を持ってほしい。共に研究をすることによって，新たな知の世界へ共に旅することを楽しみにしている[4]。

(1) 参与観察や心理学の実験等，事後に研究目的を伝える方法もある。
(2) 「アフリカ・モラル・エコノミー」とは，ジェームズ・スコットによる東南アジアでの「生存を脅かすものへの抵抗」としてのモラル・エコノミーを嚆矢とし，ゴラン・ハイデンの「情の経済」を足掛かりに，内発的発展等の視点と現地の慣習的世界とのモラリティの連動を視野に，アフリカの特徴的な文化的質質を持ったモラル・エコノミー［杉村 2007：27-28］を指す。
(3) 学術誌の査読では，論文のテーマの精通していると指名された専門家が論文を読み，学会の水準を満たしているか評価・批評をする。
(4) 宇都宮大学国際学部阪本ゼミ生等（人見俊輝，三浦優希，宗方すずな，平尾結，牧野楓南，石田爽悟，佐藤佑樹，高瀬弥依）の本稿へのコメントに感謝する。

■引用・参考文献

荒木一視・林紀代美編（2019）『食と農のフィールドワーク入門』昭和堂。

石田洋子（2009）「書評 Sakamoto Kumiko "Social Development, Culture and Participation; toward theorizing endogenous development in Tanzania"」『国際開発研究』18巻2号，255-256頁。

久木田純（2021）「書評　Sakamoto, Kumiko Factors Influencing Child Survival in Tanzania: Comparative Analysis of Diverse Deprived Rural Villages」『国際開発研究』30巻2号，166-170頁。

斎藤文彦（2010）「書評　Sakamoto Kumiko 著　*Social Development, Culture and Participation: Toward Theorizing Endogenous Development in Tanzania*」『アフリカ研究』76号，60-62頁。

阪本公美子（1997）「人間開発と社会開発」西川潤編『社会開発』有斐閣，113‒136頁。
─── （2004）「タンザニアにおける「貧困」の歴史的形成──スワヒリ文化に対する潜在的偏見を超えて」『混迷する国際社会と共生へのビジョン』宇都宮大学国際学部，115‒136頁。
─── （2005）「開発と文化の調和と対立」『宇都宮大学国際学部研究論集』20号，15‒28頁。
─── （2007a）「東アフリカの内発的発展」西川潤ほか編『社会科学を再構築する──地域平和と内発的発展』明石書店。
─── （2007b）「アフリカ・モラル・エコノミーに基づく内発的発展の可能性と課題」『アフリカ研究』70号，133‒141頁。
─── （2010）「コミュニティにおける「女性世帯主世帯」の生計戦略」『宇都宮大学国際学部研究論集』30号，1‒15頁。
─── （2011）「タンザニア南東部「母系制社会」の母系と父系に関する一考察」『アフリカ研究』78号，1‒23頁。
─── （2014）「「周辺」から再考する内発的発展」大林稔ほか編『新生アフリカの内発的発展』昭和堂，165‒182頁。
─── （2018）「相互扶助は子どもの生存に寄与するか」『アフリカ研究』92号，1‒17頁。
─── （2020）『開発と文化における民衆参加』春風社。
─── （2021）「国際的な発信を目指して」春風社編集部編『わたしの学術書』春風社，313‒320頁。
阪本公美子・黒田真（2013）「タンザニア中部ゴゴ社会における女性世帯主世帯の多様性と変容」『宇都宮大学国際学部研究論集』35号，35‒55頁。
阪本公美子・大森玲子ほか（2021）「タンザニア3地域における野生食物摂取と成人の主観的健康の関係」『国際開発研究』30巻2号，93‒112頁。
─── （2022）「食事日誌からみるタンザニア3地域における食品摂取」『宇都宮大学国際学部研究論集』53号，15‒30頁。
佐藤郁哉（2002）『フィールドワークの技法──問いを育てる，仮説をきたえる』新曜社。
杉村和彦（2007）「アフリカ・モラル・エコノミーの現代的視角」『アフリカ研究』70号，27‒34頁。
須藤健一編（1996）『フィールドワークを歩く──文科系研究者の知識と経験』嵯峨野書院。
関谷唯一（2020）「書評　阪本公美子著『開発と文化における民衆参加―タンザニア

の内発的発展の条件」」『国際開発研究』29巻2号，162‐166頁。

チェンバース，ロバート（2004）『参加型ワークショップ入門』明石書店。

中川ユリ子（2000）「ライフヒストリー調査」中村尚司・広岡博之編『フィールドワークの新技法』日本評論社，57‐76頁。

中澤芽衣（2021）「書評　阪本公美子，『開発と文化における民衆参加―タンザニアの内発的発展の条件」」『アジア・アフリカ地域研究』21巻1号，107‐110頁。

和崎洋一（1977）『スワヒリの世界にて』NHK ブックス。

Rubin, H. and I. Rubin.（1995）*Qualitative Interviewing*, Sage.

Sakamoto, K.（2007）"Mutual Assistance and Gender under the Influence of Cash Economy in Africa," *Journal of the Faculty of International Studies, Utsunomiya University*, No.23, pp.33-54.

――――（2008a）"Mutual Assistance and Gender under the Influence of Cash Economy in Africa, Part 2," *Journal of the Faculty of International Studies, Utsunomiya University*, No.25, pp.25-43.

――――（2008b）"The Matrilineal and Patrilineal Clan Lineages of the Mwera in Southeast Tanzania," *Journal of the Faculty of International Studies, Utsunomiya University*, No.26, pp.1-20.

――――（2009=2021）*Social Development, Culture, and Participation*, Shumpusha.

――――（2011）"Moral Economy, Cash Economy, and Gender," Sam Maghimbi et al. eds., *Comparative Perspective on Moral Economy*, Dar es Salaam University Press, pp.185-204.

――――（2018）"Local Traditional Knowledge and Ethics in Southeast Tanzania," *Journal of the Faculty of International Studies, Utsunomiya University*, No.45, pp.37-46.

――――（2020）*Factors Influencing Child Survival in Tanzania*, Springer.

Sakamoto, K. and F. Mbago（2020）*109 Useful Plants in the Coastal Bushland of the Lindi Region, Southeast Tanzania*, Yama-Kei Publishers.

Sakamoto, K. and P. Khemmarth et al.（2021）"Health, Livelihoods, and Food Intake in Inland Southeast Tanzania," *Journal of the School of International Studies, Utsunomiya University*, No.51, pp.15-34.

Sakamoto, K. and L. Kaale et al.（2022）"Nutrient Content of Seven African Wild Leafy Vegetables in Semi-Arid Tanzania," *Journal of the School of International Studies, Utsunomiya University*, No.54, pp.17-28.

Sakamoto, K. and L. Kaale et al.（2023a）*Changing Dietary Patterns, Indigenous Foods, and Wild Foods*, Springer.

Sakamoto, K. and T. Hitomi et al.（2023b）"Wild Food Intake and Perception of Children in Tanzania," *Japan Association for African Studies The 60th Annual Conference*（研究発表要旨集），p.144.

Sakamoto, K. and T. Hitomi et al.（2023c）"Preliminary Analysis of Wild Food Intake and Health Among Children in Central and Southeast Inland/Coast Tanzania," *Journal of School of International Studies, Utsunomiya University*, No.6, pp.1-14.

# 第 2 章
災害研究の特徴とその方法
―― 国内外の被災地調査の経験をもとに ――

飯塚明子

1　災害とは

　2023年2月に5万人以上が亡くなったトルコ・シリア地震や，2022年6月以降に国土の3分の1が水没し，被災者が3300万人を超えたパキスタンの大水害など，近年大規模な災害が世界中で多発している。日本国内では，2024年の元日に石川県能登半島でマグニチュード7.6の地震が発生し，それに伴う津波や火災も発生し大きな被害が生じている。本稿では，筆者のこれまでの被災地の調査経験をもとに，災害研究の特徴とその方法について議論を深める。まず国内外の近年の災害の現状を示した上で，その定義と種類，現状と他の分野との関わりについて説明しながら，災害とは何かについての理解を深める。

(1) 世界の災害，日本の災害
　近年国内外で大災害が頻繁に発生しているが，**表1**は世界で1990年以降に発生し，死者・行方不明者数が2万人を超えた自然災害を記している。**表1**の12の災害のうち，最も大きな人的被害が発生した災害は，2004年のスマトラ沖地震・津波である。インドネシアのスマトラ沖で地震が発生し，周辺11か国で津波などにより22万人以上が亡くなったり，行方不明となって

表1 世界における1990年以降の自然災害

年	災害の種類	国　名	死者・行方不明者数（概数）
1990年	地震（マンジール地震）	イラン，北部	41,000
1991年	サイクロン/高潮	バングラデシュ，チッタゴン等	137,000
2000年	洪水	ベネズエラ	30,000
2001年	地震（インド西部地震）	インド	20,000
2003年	地震（バム地震）	イラン	26,800
2004年	地震・津波（2004年スマトラ沖地震・津波）	スリランカ，インドネシア，モルディブ，インド，タイ，マレーシア，ミャンマー，セイシェル，タンザニア，バングラディシュ，ケニア	226,000以上
2005年	地震（パキスタン地震）	パキスタン，インド北部	75,000
2008年	地震（四川大地震）	中国	87,500
2008年	サイクロン・ナルギス	ミャンマー	138,400
2010年	地震（ハイチ地震）	ハイチ	222,600
2011年	地震・津波（東日本大震災）	日本，東北・関東地方等	22,200
2023年	地震（トルコ・シリア地震）	トルコ，シリア	56,000

（出所）　内閣府の令和4年版防災白書を参考に，1990年以降に2万人以上の死者行方不明者数が発生した災害を抜粋した

いる。また2010年に中米のハイチで発生した地震では，マグニチュード7という地震の規模に加えて，政情不安や災害対応の遅れなどから22万人以上の死亡者が出た。

　表1は2万人以上の死者・行方不明者が出た自然災害に限定していることから災害の種類は地震とそれに伴う津波が多いが，サイクロンや洪水においても大きな人的被害が発生している。数千人の死者・行方不明者が出た災害も含めると，洪水やサイクロン，ハリケーン，台風，地すべり，火山噴火など様々な種類の災害が世界中で発生している［内閣府 2022］。**表1**の国や地域を見ると，インドやパキスタンといったアジア地域やイランを含む中東地域，ハイチを含む中南米地域が多く，開発途上国が中心であることがわかる。2万人以上の死者・行方不明者が出た東日本大震災も含まれるが，世界にはさ

らに規模が大きい災害が頻繁に発生していることがわかる。

　日本国内はどうだろうか。**表2**は日本で1990年以降に発生し，100人以上の死亡者等を出した12の自然災害を記している。日本においては100人以上の死亡者等を越える災害が数年に1回の頻度で発生していることがわかる。12件のうち6件は地震で，死亡者数は2万人を超えることもあり，他の災害と比べると頻度は多くはないが，一度大規模な地震が発生すると大きな被害が生じる。地震以外では大雪，豪雨，台風があり，特に大雪は地域が限定されることから，雪がほとんど降らない地域ではあまり意識はないかもしれないが，100人以上の死亡者数を出す大雪が1990年以降に5件も発生している。世界的な温暖化の一方で記録的な大雪が頻繁に発生しているのが現状である。また，**表2**にある災害以外にも，日本では火山噴火，土砂災害，竜巻，落雷など様々な種類の災害が発生している。それらの災害は地震などと比べて人的被害は多くはないが，家屋や財産，インフラ設備などに甚大な被害が生じることがある。

(2) 災害の定義

　国内外で大規模な災害が頻繁に発生していることがわかったが，災害はどのように定義されるのだろうか。日本における災害の定義や国際的な定義をみていこう。災害に関する最も基本的な法律である災害対策基本法によると，災害は，「暴風，竜巻，豪雨，豪雪，洪水，崖崩れ，土石流，高潮，地震，津波，噴火，地滑りその他の異常な自然現象又は大規模な火事若しくは爆発その他その及ぼす被害の程度においてこれらに類する政令で定める原因により生ずる被害」と定義している。このように，日本の法律では災害の定義として，その原因や事例について具体的に明示し，自然災害だけではなく火事や爆発といった人的な災害も含んでいることがわかる。

　Wisnerら［2003］は，災害による被害は自然災害とその災害事象にさらされる人々が持つ脆弱性の程度が組み合わさったものとして捉えている。災害による被害（Risk），危機的な現象（Hazard），脆弱性（Vulnerability）という三つの要素の関係性を方程式で図式化すると以下のようになる。

表 2 日本における 1990 年以降の自然災害

発生時期	名　称	概　要
1993 年 7 月	北海道南西沖地震	死亡者等 230 人 日本海側で発生した地震であり，北海道の奥尻島では地震発生後 4～5 分で津波が来襲し，火災とともに被害を与えた。
1995 年 1 月	兵庫県南部地震（阪神・淡路大震災）	死亡者等 6,437 人 兵庫県淡路島北部を震源とした最大震度 7 の地震による建物，構造物被害と火災により多数の犠牲者が発生した。
2005 年 12 月～2006 年 2 月	平成 18 年豪雪	死亡者等 152 人 北海道や東北，北陸地方等の山間部や内陸部で最深積雪を記録し，落雪や雪下ろし中の事故，交通事故等で多くの死亡者が発生した。
2010 年 11 月～2011 年 3 月	平成 22 年の大雪等	死亡者等 131 人 年末年始にかけて，西日本の日本海側等の一部では記録的な大雪となった。鳥取県や島根県では，漁船が転覆，沈没する等の被害が発生した。
2011 年 3 月	東北地方太平洋沖地震（東日本大震災）	死亡者等 22,312 人 三陸沖を震源とした M9.0 の地震とそれに伴う津波により，東北地方および関東地方の太平洋沿岸を中心に大きな被害を生じた。宮城県，岩手県，福島県沿岸地域での被害は甚大であった。
2011 年 11 月～2012 年 3 月	平成 23 年の大雪等	死亡者等 133 人 日本海側を中心に記録的な大雪となり，累積降雪量が過去 5 年間の平均を 28% 上回るとともに，積雪の深さや過去 30 年間の平均の 2 倍以上となっている地域もある。
2012 年 11 月～2013 年 3 月	平成 24 年 11 月からの大雪等	死亡者等 104 人 日本海側を中心に降雪量が多くなり，北日本日本海側で記録的な積雪となった。
2016 年 4 月	熊本地震	死亡者等 273 人 4 月 14 日に熊本県熊本地方を震源とする M6.5，最大震度 7 の地震（前震）が発生し，4 月 16 日にも同地方を震源とした M7.3，最大震度 7 の地震（本震）が発生した。住家被害など多数の被害が生じた。
2017 年 11 月～2018 年 3 月	平成 29 年からの大雪等	死亡者等 116 人 日本海側で大雪となり，多い所で平年の 6 倍を超える記録的な積雪を観測した北陸地方を中心に大雪に見舞われた。
2018 年 7 月	平成 30 年 7 月豪雨（西日本豪雨）	死亡者等 271 人 前線の影響で西日本を中心に全国的に広い範囲で大雨となった。河川の氾濫や土砂災害により大きな被害が生じた地域があった。

2019年10月	令和元年東日本台風（令和元年台風第19号）	死亡者等121人 台風19号は大型で強い勢力を保ったまま関東地方を通過した。記録的な大雨になり，1都12県で大雨特別警報が発表された。土砂災害や浸水により関東地方以北で大きな被害が生じた。
2024年1月	令和6年能登半島地震（能登半島地震）	死亡者等241人（2024年3月現在） 1月1日に石川県能登半島でマグニチュード7.6の地震が発生した。多くの家屋やインフラ施設に被害が生じ，地震に伴い津波や火災も発生した。

（出所）　長谷川・近藤・飯塚（2021），内閣府の令和4年版防災白書を参考に筆者作成

$$R\,(Risk) = H\,(Hazard) \times V\,(Vulnerability) \qquad [Wisner\ 2003：49]$$

つまり，これらの三つの要素において，危機的な現象と脆弱性の要素が大きくなればなるほど，災害による被害も大きくなるという関係にある。

国連で国際的な防災を担う国連防災機関（UNDRR：United Nations Office for Disaster Risk Reduction）によると，災害（disaster）とは，危険な事象が，暴露（exposure），脆弱性，能力（capacity）などの条件とお互いに作用することにより，地域社会の機能があらゆる規模で著しく阻害され，人的，物的，経済的，環境的損失や影響をもたらすことと定義している。

また，世界中の被災地で支援を行なっている国際赤十字・赤新月社連盟（IFRC）によると，災害は地域社会の機能が著しく阻害される状況であり，地域社会が自らの資源を用いて対処する能力を超えるものであり，災害は自然災害，人為的災害，技術的災害のほか，地域社会の暴露や脆弱性に影響を与える様々な要因によって引き起こされるとしている。このように，国連防災機関や国際赤十字・赤新月社連盟の定義では，災害が発生すると平常時の地域社会の機能が失われるとしている。

これらの定義に共通しているのは，災害とは人々や地域社会に被害が生じる事態であり，本稿では，災害とは自然現象や人為的な原因によって，人命や社会生活に深刻な被害が生じる事態と定義する。日本では災害というと自然災害を想像することが多いが，上記の定義にあるように，災害とは自然災害と人為災害の両方を含む。

表3 災害の分類

災害系		災害種別	詳　細
自然災害	水気象学系	風水害	洪水，強風，大雨，高潮，台風，竜巻，降雹
		雪氷災害	大雪，雪崩，融雪，着雪，吹雪，流氷
		その他の気象災害	長雨，灌漑，日照不足，落雷，冷害
	地質学系	地震	地震，津波，遠地津波，液状化
		火山	噴火，溶岩流，火砕流，泥流，購買，噴煙，噴石，噴気・ガス
		斜面災害	表層崩壊，土石流，斜面崩壊，地すべり，落石・落盤
	生物学系		新型インフルエンザ，SARS，新型コロナウイルス感染症
人為災害	都市災害		大気汚染，水質汚染，地盤沈下，火災など
	産業災害		向上・鉱山・土建現場などの施設災害，労働災害，放射線災害など
	交通災害		陸上交通・飛行機事故，船舶事故など
	管理災害		設計・計画のずさん，施工劣悪，管理不備・怠慢，行政処置の不当など
	環境災害		ヘイズ（煙害，黄砂など）やアラル海などの環境破壊が誘発した災害
	紛争災害		国境紛争・内戦など
	CBRNE災害		Chemical（化学）・Biological（生物）・Radiological（放射性物質）・Nuclear（核）・Explosive（爆発物）

（出所）　長谷川・近藤・飯塚（2021）

(3) 災害の種類

上述したように，災害の種類は大きく自然災害と人為災害に分けることができるが，その分類の詳細を示したのが表3である。自然災害には，気象災害として大雨，洪水，大雪などがあり，毎年日本各地で様々な規模で発生しているが，気象予報が発達していることから比較的予測がしやすい。地質学系の災害では地震や津波，火山噴火などがあり，地震波の伝わる速度を利用した緊急地震速報があるものの気象災害と比べて予測が困難である。また，生物学系の災害としては，新型コロナウイルス感染症や新型インフルエンザといった私たちの日常に身近な感染症も含まれる。人為災害としては，大気

汚染や火災などを含む都市災害から，交通事故，環境破壊や紛争など様々である。ただし，災害の定義は人命や社会生活に深刻な被害が生じる事態であることから，人為災害といっても小規模な事件や事故は災害とはみなされない。**表3**は災害を分類しているが，実際には様々な種類の災害が関連して発生している。たとえば，東日本大震災では地震に伴い，津波や火災が発生し，福島第一原子力発電所の事故も発生したように，自然災害を由来とする人為災害が発生する場合も多く，それぞれの災害は関連している。

(4) 他の課題との関連

　表1にあるように，大規模な災害が国内外で発生し，特に被害規模の大きな災害は，アジアや中東地域，中南米地域の開発途上国で多く発生している。その要因は様々であるが，災害は危険な現象と脆弱性の組み合わせで発生すると災害の定義で説明したように，脆弱な地域や人々が災害に遭った場合，被害がより深刻になる。脆弱性の要因としては，貧困や環境，教育や経験，ジェンダーといった様々な要因が絡み合い，災害の脆弱性を生み出している。

　筆者の経験からいくつかの事例を挙げると，貧困や環境は災害に密接に結びついている。スリランカでは，その日暮らしの貧困世帯にとっては，災害に備えて1週間分の食料の備蓄をしたり，万が一のための保険を購入することは困難である。経済的に余裕のない世帯が，安全な場所に住んだり，台風に備えて家屋を補強したりして住環境を整えるのは難しいのが現状である。個人や世帯のレベルだけではなく，国においても，将来の災害に投資するかどうかは国の財源による場合が多く，貧しい国が耐震性の建物やインフラ設備を整備するのは難しい。

　教育や経験に関していえば，どのように災害に備えたらいいのか，また災害発生後にどのような対応をとるべきかについて理解する防災教育は重要である。また住んでいる地域にどのような災害が発生しうるのか，過去に被災経験があるか，地域の避難訓練への参加といった経験も重要である。2004年に発生したスマトラ沖地震・津波では，インドネシアのスマトラ沖で大地震が発生し，3時間後に大津波がスリランカに到達し甚大な被害をもたらした。津波の到達まで3時間もあると，なぜ避難できなかったのかと思うかもしれ

ないが，スリランカではほとんどの人が津波を経験したことがなく，津波という言葉すら知らなかった上に，避難情報も出ていなかった。日本にいる外国人が災害に脆弱なのは，言語的な要因に加えて，社会的な要因などにも由来する。たとえば，日本にいる外国人の中には，災害を経験したことがなく，母国で防災教育も受けたことがないため，日本でどのような備えが必要か，また地震に遭ったらどう対応したらいいのかわからない人も多い。このように，経験や教訓の有無と災害の被害は関連している。

　ジェンダーに関しても災害と密接に結びついている。1981 年から 2002 年に 141 か国 4605 件の自然災害において女性が男性より多く死亡し，大災害ほど男女差が大きくなることが明らかになった。また女性の社会経済的地位の高い国ほど災害死亡率の男女差が小さいこともわかっており，男性に比べて女性の災害死亡率が高いのは，社会経済的に構築されたジェンダー特有の脆弱性であることがわかる［Neumayer and Plumper 2007］。日本においても，災害の備えや対応を議論する政府や地方自治体の防災会議，自治体の自主防災組織などは男性が中心であり，女性の意見をどのように反映できるのかが課題となっている。またジェンダーに限らず，東日本大震災で障害者の死亡率は全体の死亡率よりも高いことがわかっている［内閣府 2012］。ほかにも高齢者や外国人住民など，同じ災害で同じような被害を受けるのではなく，災害により脆弱な人々が存在し，様々な要因と関連している。

2　防災サイクル

　災害の現状や定義，及び種類について上述したが，災害の被害に遭わないようにする，または被害を最小限に抑えるにはどうしたらいいだろうか。ここでは，防災サイクルを通して，災害発生前後の段階（phase）を時間軸で理解することにより，災害で生じる被害を最小限に抑え，将来の災害にどのように備えたらいいのかについて理解を深める。災害対策基本法によると，防災とは「災害を未然に防止し，災害が発生した場合における被害の拡大を防ぎ，および災害の復旧を図る」ことである。つまり災害発生前は災害の被害が生じないような活動を行ない，災害発生後は被害を最小限に食い止め，

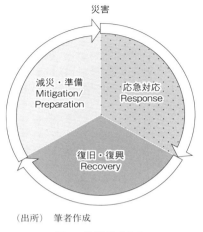

(出所) 筆者作成
図1 防災サイクル

災害からの回復を図ることを防災という。防災と聞くとその漢字から災害を未然に防ぐだと思うかもしれないが、それに追加して災害後の活動も含まれる。

(1) 防災サイクルとは

防災サイクルとは、災害発生から次の災害までの間を時間軸でいくつかの段階に分け、段階ごとの状況や特徴を理解し、災害発生後に生じる被害を最小限に抑え、将来の災害に備えるための考え方である。防災サイクルは防災分野で広く共有されている基本的な考え方であることから、災害研究の研究者や専門機関、また実務者などにより様々な防災サイクルが提案されている。それらに共通するのは、災害前後にいくつかの段階や過程があり、それらが繰り返し循環（サイクル）していることである。図1は防災サイクルの一例である。まず災害が発生すると、次の災害が発生するまでの間に、応急対応（response）の段階、復旧・復興（recovery）の段階、そして減災・準備（mitigation/preparation）の段階を経る。各段階により災害後の状況や被災者のニーズは刻一刻と変化し、支援や取り組みも変化する。各段階でどのように状況や活動が変化するのだろうか。

(2) 応急対応，復旧・復興，減災・準備の段階

応急対応は、災害発生時、あるいは直後の最初の段階である。この時期は被災者の救助活動が最優先となる。そのため被災者の救出や避難所の設置、水や食料など、生活に必要な物資の提供などが行なわれる。また被害に遭った住宅やインフラ設備の応急修理、障害物の除去なども行なわれ、二次災害を防ぐ活動や支援物資や支援団体が被災地に入りやすくするための活動も行

なわれる。

　復旧・復興の段階では，生活機能を回復し，災害発生前の状況に回復したり，災害前よりもよりよい生活を送るための活動が行なわれる。たとえば，学業や仕事の再開，インフラ復旧や住宅環境の整備，コミュニティづくり，心のケアなどである。住宅再建でいうと，災害前の家に住むことができない場合は，避難所と仮設住宅といった一時的な住居から，永住する家を再建したり，公営住宅に移ったりする段階で，新しい住宅でのコミュニティの構築も行なわれる。

　減災・準備の段階では，次の災害に備える活動を行なう。個人レベルでは，ハザードマップを確認したり，避難訓練に参加したり，食料や生活必需品の備蓄を行なったり，災害に関する情報を調べたりすることができる。政府機関や地方自治体のレベルでは，被害を軽減するために防潮堤や堤防を立てたり，災害対応や被災者支援に関する法律や計画を整備したり，災害に関する啓発活動を行なったりする。

(3) 途切れない防災サイクルの視点

　防災サイクルには三つの段階があり，時間が経過するにつれて各段階で状況や被災者のニーズ，またそれに伴う活動は変化すると説明したが，実際の現場では各段階に境界線はなく重複し同時進行することが多い。たとえば，応急対応で避難所の運営をしながら，支援物資を避難所に運ぶためのインフラを復旧したり，住宅を再建したりすることがある。また学校を復旧しながら，同時に次の災害に備えて耐震化を図ることもある。復旧・復興期の心のケアの支援は防災教育につながることもあれば，応急対応の段階においても心のケアが必要である。このように実際には各段階に境界線はなく同時進行している。一方で，応急対応の後に被災地から撤退する支援団体もあれば，復興支援のみを行なう団体もある。各段階の状況やニーズに合った専門性は不可欠な一方で，防災サイクルの視点から他の団体との引継ぎや情報共有を行なうことが求められる。

　また図1では三つの段階が均等に3分割されているが，実際には災害の規模や種類，支援の状況により期間は異なる。一般的には，応急対応の期間は

短く，復旧・復興にはより長い時間がかかり，個人差や地域差もある。また，大規模な災害では，サイクルが1周するのに長い時間がかかり，復旧・復興に10年以上を要することもある。

　このようにどの段階にあっても，防災サイクルの視点を念頭に置き，途切れのない活動が必要である。残念ながら災害は二度と来ないというわけにはいかないので，一つの段階が終わったり，サイクルがほぼ1周すると終わりというわけではなく，復旧・復興は減災・準備を見据えて行なう，減災・準備は将来の災害に備えて被害が軽減されるように行なうというように途切れない活動が求められる。災害のたびにこのサイクルを繰り返すことで，それぞれの段階で見えてきた課題を見直し，将来の災害からの減災の取り組みや備えに生かし，被害を最小限に抑え，災害に強い社会やコミュニティをつくっていくことにつながる。

3　災害研究の特徴

　災害と防災サイクルの基本的な考え方を踏まえた上で，ここでは災害研究の主な特徴について述べる。災害研究は災害を対象とし，上述した防災サイクルの全段階において，災害により生じる被害を抑え，最小限にするための学問である。そのためには自然科学から人文・社会科学にわたり災害を追究し，災害の科学的理解に貢献し，広く発信することが必要である。しかし，その学際性や災害の多様性，複合性などからどのように研究をしたらいいのか戸惑うことが多い。そこで，本稿では他の研究と比べて災害研究の際立った特徴や方法を議論することにより，より多くの人が災害や防災に関心を持ち，災害を対象とした研究を行なう一歩になればと考える。

(1) 研究のタイミング

　防災サイクルで説明したように，災害前後や発生後の時間により被災地の状況は大きく異なる。災害発生直後を研究対象とする場合もあれば，復旧・復興期を研究対象とする場合や，防災教育やインフラ整備など，災害発生前を研究対象とすることもある。特に災害発生直後は，数時間，数日変わると，

状況が大きく異なる。災害前後のいつのタイミングを研究範囲とするかにより，状況や入手するデータが異なる点は災害研究の特徴の一つである。新型コロナウイルス感染症を研究テーマとした修士課程の学生を指導した例を挙げると，当時感染症は発生後3年目で猛威をふるい，その解決策や収束の時期が見えない状況であった。そのことから，感染症の世界的な規模の大きさや多分野にわたる影響，限られた先行研究が研究を進めるにあたり課題となった。そこで研究範囲を東アジア地域における都市封鎖と水際対策の効果に絞り，2019年から2020年のワクチンが普及するまでの初期対応の1年間に限定することで何とか論文を書き終えることができた。このように，災害研究においてはタイミングを逃さないことと，どのタイミングを研究範囲にするかが重要である。

(2) 情報のアクセスと正確さ

情報のアクセスと正確さについては，どの分野の研究においても重要である。特に大災害の直後は，多くの人や機関が情報を提供したり，入手しようとしたりしていることから，情報が錯綜し，どの情報を信じたらいいのかわからなくなることも多い。そこで，信頼できる情報源から情報を得ることと，いつの時点の情報かを確認することが重要である。また，一部の情報が強調されて被害の全体像が見えなかったり，孤立した被災地の情報が入ってこなかったりすることもある。災害時において，情報がないことは被害がないということではない。2024年の1月1日に発生した能登半島地震においても，地震発生後は交通や通信網が遮断されたことから震源に近い半島の北側の被害はあまり報道されずに，被害の全体象を把握するのに時間を要した。2004年の新潟中越地震においても，最大震度7を観測した小千谷市の情報は災害直後はなかったが，その後多くの集落が孤立し，甚大な被害を受けていることがわかったという事例もある。

(3) 被災地へのアクセスと安全確保，コミュニケーション

災害直後の被災地へのアクセスは困難を伴うことが多い。道路の通行止めや，鉄道や飛行機の運休があったり，道路が通行止めでなくても，ひび割れ

や障害物，片側通行などがあり，通常の運転とは大きく異なり，時間を要する。また余震や土砂災害，季節により雪の危険があることから，調査の安全確保が重要である。被災者の方とのコミュニケーションについても，文化人類学や社会学などの分野と比べて，長年通っている調査対象地に行くわけではなく，初めて被災地に行き，初めてお会いする方にインタビューをする場合が多く，インタビューの対象者と信頼関係を築き，コミュニケーションを取ることは難しい。実際に被災して精神的な負担を感じている人に対するインタビューは容易ではないという課題があるが，この点については後述する4（3）の研究の倫理で詳しく説明する。

(4) 汎用性

　研究結果の汎用性については，被災地の一つの地域の研究結果や得られた教訓が他の被災地に汎用できるかという点では，必ずしもそうではなく，災害の種類や時期，被害の規模，被災者の多様性，支援の程度などにより汎用性の確保は難しい。たとえば，東日本大震災の被災地においても，同じ災害ではあるが被災した地域により復旧や復興スピードが大きく異なる。たとえば，津波の被災者と福島第一原子力発電所の事故の被災者とは，被災経験や復興に向けての経験が大きく異なる。日本は過去に多くの災害を経験し，その度に課題や教訓を見出し，次の災害に備えようとしている。過去の災害の経験や教訓を共有することは重要である一方で，災害の種類や規模，被災者の状況も変化していることから，一つの被災地でうまく機能したことや課題となったことが，必ずしも他の地域でも応用できるとは言い難いのが現状である。

(5) 学際性

　最後に災害研究の特徴として学際性がある。災害のメカニズムについての地理学や地質学，気象学があれば，災害の被害を防いだり，最小化したりするための土木工学，建築学，社会学，政治学，情報工学，教育学，心理学などがある。さらに，災害医療や心のケアもあれば，被災地の地域に関する地域研究や民俗学，歴史学などもあり，研究分野の学際性は災害研究の大きな

特徴の一つである。災害は日本に住んでいる限り誰もが被害に遭う可能性があり，人々の生活に密接に結びついていることを考えると学際性は当然のことではあるが，より広い視野と一つの分野にとらわれずに様々な分野と連携し，総合的な防災を構築することが求められる。

4 災害研究の方法

災害研究の特徴について説明したが，この節では研究の方法について議論を深める。災害研究の特徴は学際性にあると言ったが，学術論文の書き方がある程度共通しているように災害研究の方法も他の分野と共通していることが多い。

(1) 論文における研究方法の位置づけ

表4は論文の六つの基本構成である。研究分野や学術雑誌の様式にもよるが，一般的な学術論文は背景と目的から始まり，先行研究を整理した上で自身が行なう研究の立ち位置を示す。そして研究の目的に合った研究方法を説明し，結果を示した上で，議論と考察を深める。研究方法とは，先行研究を踏まえて提示された研究の問い（目的）を明らかにするために，何をどのように調べるのかということである。具体的には，どのようにデータを入手し，どのようなデータを使い，どのような分析方法を使うのかについて示す必要がある。すなわち，研究の問い（目的）があり，それを明らかにするための研究方法があることから，目的により研究方法は異なる。研究方法は研究目的に即しているかどうか，研究対象や分析方法は適切であるかという点を自問する必要がある。さらに研究の再現性や信頼性を確保するために，どのような研究方法を使ったのか，またその理由についてについて詳しく説明する必要がある。

(2) 研究方法の例

具体的な研究方法として，これまでに筆者が使ったことがある研究方法は以下のとおりである。

表4　論文の六つの基本構成

1. 背景と目的	自分の研究で明らかにしたい問い（目的）を示す。
2. 先行研究	関連する先行研究を紹介し，本研究の意義やオリジナリティーを示す。
3. 研究方法	問いを明らかに論証するためのデータの概要と方法を示す。
4. 結果と分析	用いたデータと手法によって得られた結果を示し，問いに答える。
5. 議論と考察	結果について議論したり，深く考える。
6. 結論	1～5の論証のプロセスを要約し，今後の課題を示す。

・文献調査，理論研究，レビュー研究
・インタビュー（構造化，半構造化，個人，またはグループ）を行ない，質的分析や事例検証
・アンケート調査を行ない，統計分析
・参与観察，記録，参加型調査，視覚的調査
・オープンデータなどの既存のデータを活用し，統計分析やテキスト分析
・上記の組み合わせ

　一つの調査方法だけではなく，いくつかの方法を組み合わせた混合方法の活用，たとえば統計分析と質的分析の組み合わせは，それぞれの手法の短所を補う効果的な手法である。量的調査と質的調査を組み合わせたり，文献調査と何らかの現地調査を組み合わせることで，調査結果の信頼性を増したり，議論や考察を深めることができる。
　さらに，実際に研究を行なうにあたり重要な点は実行可能性である。たとえば，統計分析の場合は統計学のルールに則って分析を行なうが，統計分析の知識を持っていることが必要である。またインタビュー調査やアンケート調査をする必要がある場合，協力が得られるかどうか，たとえばインタビューを受けてもらえるかどうか，統計分析に必要なアンケートの回答数を得られるかどうかは重要になってくる。また大学の卒業論文の場合は提出の

時期が決まっているので，卒業までに調査と分析を終えてまとめることができるかどうかは重要な点である。実際に新型コロナウイルス感染症の影響で現地調査ができなかったり，遅れたりしたこともある。このことから，壮大で長期的な研究目的と方法を考えるのはいいが，実行可能な計画や方法を立てることが必要である。

(3) 研究の倫理

　前述したが，特に災害直後は現地調査を行なうための交通網やインフラ設備が整っているか，現地での移動手段や宿泊先は確保できているのかといった被災地の負担にならないように自己完結できる調査の準備が必要である。また被災地のインフラが整っていても，道路が片側通行の場合や渋滞していることがよくあり，救援活動や支援物資の運搬，他の地域に避難する被災者の妨げになってはいけない。

　また被災地は被災者，支援関係者，報道関係者，自治体職員や政府関係者など，多くの人々が出入りするので，自分が何者であるかを明らかにする必要がある。災害後に避難して誰もいない住宅を狙った窃盗などで神経がすり減っている被災者もいることから，被災地では大学の腕章をつけたり，名札をつけたりして，目に見える形で自分の所属を示す必要がある。また，同意を得ずに被災者のインタビューをしたり，被災者や被災者の家の写真を撮ったりすることは倫理上認められない。筆者が所属する大学では，アンケートやインタビュー調査などをする際に，「ヒトを対象とした研究に関する倫理審査」の手続きがあり，調査対象者が調査を受けることにより不利益が生じないように配慮することが必要である。具体的には，調査の前に対象者に調査の内容や方法を説明し，同意書を得た上で調査を行ない，調査で知り得た個人情報は個人が特定されないように守秘する義務がある。大学のような教育・研究期間では，研究に関する倫理審査の手続きがあり，研究結果を論文として出版する際にも倫理審査の手続きを通過したか研究かどうかの確認を受ける場合がある。

　被災者を対象としたインタビュー調査に関しては，身体的，心理的な影響やそれに費やす時間や場所も配慮する必要がある。被災地の若者と復興を対

象としたインタビュー調査では，対象者が希望する場所（カフェや職場など）でインタビューを行ない，気を遣わずに率直な意見を言うことできるようにした。一方，避難所の足湯サービスとして，足湯で足を温めてマッサージをしながらつぶやいたり，グチを言ったりして，被災者のストレスを解消しながら，ニーズを聞くという方法もある。海外の被災地の場合は言語や文化，慣習が異なることから，さらに慎重な配慮を要する。開発途上国の被災地で外国人がインタビューを行なう場合，（インタビューする側の問題でもあるが）被災者は支援を受けることができると思い込んだり，被災して失った以上の支援物資を要求することもある。また災害の支援者を対象とした調査については，被災者支援が最優先であることは言うまでもない。

災害直後だけではなく，復旧・復興期で，たとえば東日本大震災から10年が経っても，震災の悲しみを乗り越えつつある人もいれば，時間が経つにつれてますます精神的に負担を感じている人もいる。復興の状況は人により異なり，住宅やインフラ設備などの目に見える復興から，目に見えない精神的な復興まで多様であることから，被災者へのインタビューには最大限の配慮が必要となる。

5　まとめ

本章では国内外の災害の現状や定義，また防災を構築するための基本的な概念である防災サイクルを踏まえた上で，災害研究の特徴と方法について議論した。本稿を読むと，災害研究は社会科学から人文・社会科学の多岐にわたり，変化しながら複雑に絡み合った課題に対応することは容易ではないと思うかもしれない。また被災地での調査は，準備するべきことや配慮するべきことが多く，大変だと思った読者もいるかもしれない。しかし，言い換えると，様々な分野や視点から災害を対象に研究することが可能であり，むしろそのような関わりが求められている。さらに，災害は私たちの生活に密接に結びついており，災害時に助けたり助けられたりする主体は人であり，防災を追究することは，自分の命や周りの人の命を守ったり，命の大切さを再認識したりすることにつながる。災害研究を通して得られる経験や教訓を研

究論文としてまとめることは大変有意義なことである。大学生のときも卒業後の人生を生きていくためにも必要な知識や経験が得られる災害研究にぜひ取り組んでいただきたい。

■引用・参考文献

内閣府（2012）「平成 24 年版障害者白書「震災と障害者」」https://www8.cao.go.jp/shougai/whitepaper/h24hakusho/gaiyou/column/column04.html，2024 年 1 月 25 日閲覧．

─────（2022）「令和 4 年版防災白書「最近の主な自然災害について」」https://www.bousai.go.jp/kaigirep/hakusho/r04/honbun/3b_6s_09_00.html，2024 年 1 月 23 日閲覧．

長谷川万由美・近藤伸也・飯塚明子編著（2021）『はじめての地域防災マネジメント』北樹出版，5 頁．

IFRC, "What is a disaster?," https://www.ifrc.org/our-work/disasters-climate-and-crises/what-disaster, accessed 22 January 2024.

Neumayer, Eric and Thomas Plumper（2007）"The gendered nature of natural disasters: The impact of catastrophic events on the gender gap in life expectancy, 1981-2002," *Annals of the Association of American Geographers*, Vol.97, No.3, pp.551-566.

UNDRR, "Disaster," https://www.undrr.org/terminology/disaster, accessed 22 January 2024.

Wisner, Ben, Piers Blaikie, Terry Cannon and Ian Davis（2004）*At Risk: natural hazards, people's vulnerability and disasters*, Second edition, London, Routledge.

第 3 章
学問の社会的責任とは何か
―― 原発事故後の調査研究をめぐる考察 ――

清水奈名子

1　原発事故に直面した学問の役割を問う

　多くの人々の権利が侵害され，その生命や安全が脅かされる事態を前にして，学問に何かできることはあるのだろうか。学問的な作業のみによって，即座に多様な暴力を停止させたり，または犠牲が発生する事態を防いだりすることは困難である。直接現場に赴いて実施される救援活動とは異なり，犠牲となっている人々が受ける不条理な苦痛を取り除いたり，癒したりすることもできない。

　そうであるにもかかわらず，大規模な人権侵害が発生したときに，学問的な営みが果たす役割は大きいと筆者は考えている。こうした考えをもつようになったきっかけは，2011 年 3 月 11 日に発生した，東京電力福島第一原子力発電所における過酷事故（東電福島原発事故）であった。福島県だけでも 16 万人以上の人々が避難を経験したこの東電福島原発事故は，放出された放射性物質の量が非常に多かったことから，国際原子力・放射線事象評価尺度（INES）のなかで最も深刻な「レベル 7」に位置付けられている。

　事故の発生から 13 年以上が経過した現在，日本社会において同事故が話題になる際には，「技術的な問題」や「経済的な問題」として語られる傾向がある。どのように廃炉を進めるのか，大量に発生した放射能汚染を受けた土

壊や水をいかに処分するのか，または被災地の復興のためにいかなる施策が必要なのかといった話題が取り上げられることが多い。その一方で，国連人権理事会をはじめとした国際機関においては，くり返し原発事故被害者の「人権問題」が議論されてきたことは，事故が発生した現場であるにもかかわらず，日本国内において十分に知られていない［清水・髙橋 2024］。

筆者は，国際機構論・国際関係論の分野において，武力紛争下で発生する深刻な人権侵害について研究をしてきた［清水 2011，2022a］。2011 年 3 月 11 日に，勤務先である栃木県の大学で東日本大震災と東電福島原発事故を経験することになったが，福島県の南隣りに位置する栃木県もまた，多くの避難者を受け入れただけでなく，原発事故による放射能汚染を経験することになった。原発事故によって多くの人々の生活が破壊され，避難を余儀なくされ，生命や健康，環境が脅かされる事態が出現する過程を目撃することになったのである。

武力紛争を研究する分野におけるいわば「常識」として，戦争のように多くの人々の生存が脅かされる危機が発生する際には，社会的に最も弱い立場にある人々の権利が侵害されやすいことを，筆者は知識としては知っていた。しかし，先進国であり，「平和国家」と自称してきた日本社会において，原発事故とその後の対策がもたらした問題によって，多くの人々の権利が侵害される事態に直面することになったのである［原子力市民委員会 2022；髙橋 2022］。

本稿では，東電福島原発事故に由来する被害の調査とその分析を，筆者が学際的な調査・研究活動として実施してきた経験を事例として紹介しながら，次の問いに答えることを試みたい。すなわち，大規模な事故の被害について，なぜ調査し，分析し，記録することが必要であるのか。また調査や研究の過程において，いかなる研究倫理上の問題が発生するのか。これらの問いに答えることで，学問の社会的な責任とは何かという問いについて考察していく。

2　なぜ原発事故被害を調査するのか

前述したように，筆者の専門は国際機構・国際関係の研究であり，原発や核エネルギーに関して専門的に研究してきたわけではない。そうではあるも

のの，原発事故後の日本社会に暮らす当事者として，何ができるかを考え，行動する動機付けとなった要因を整理するならば，以下に説明するように，地理的近接性と複層的な当事者性，学際的な研究環境，次世代との対話，そして政府・自治体による被害調査の不在，という4点が挙げられる。

(1) 地理的近接性と複層的な当事者性

　筆者が現在に至るまで原発事故の調査研究に従事している最大の要因は，筆者が働き，暮らしている栃木県が福島県に隣接しており，事故による被害を受けた被災地であるという，地理的な近接性である。原発事故直後には栃木県においても放射線量が上昇し，栃木県から他の地域に避難する住民が，筆者の周辺にも存在した［岩真 2017］。

　福島県境を超えた放射能汚染の実態は日本社会において十分に認知されていないが，原発から放出された大量の放射性物質は関東，東北地方一帯に飛散した。図1に示したように，環境省は年間の追加被ばく線量が1ミリシーベルト（mSv）を超えると計算した地域を，「汚染状況重点調査地域」として2011年12月以降に指定を開始したが，その範囲は福島県に加えて，岩手，宮城，茨城，栃木，群馬，埼玉，千葉の合計8県，104市町村にものぼったのである。

　同時に，隣接する福島県からは多くの避難者が栃木県に身を寄せることになり，登録されている避難者だけでも，最も多かった時期には3000人近くにのぼった。勤務先の同僚たちが，福島県からの避難者支援のための「福島乳幼児・妊産婦支援プロジェクト」を2011年4月から開始し，特に放射線による健康影響を受けやすい乳幼児，妊産婦への支援を行なうことを目的として，福島大学，東京外国語大学，茨城大学，群馬大学，新潟県立大学，宇都宮大学の教員有志らが連携しつつ活動を2014年度まで実施してきた［宇都宮大学国際学部附属多文化公共圏センター 2013, 2014］。これらの活動に参加する過程で，多様な避難者・被害者が抱える多くの困難について，直接話を聞く機会を得た。特に，政府による避難指示が出ていないものの，放射性物質による汚染を受けた地域が存在したことから，自らの判断で避難せざるをえなかった避難指示区域外からの避難者（しばしば「自主避難者」と呼ばれ

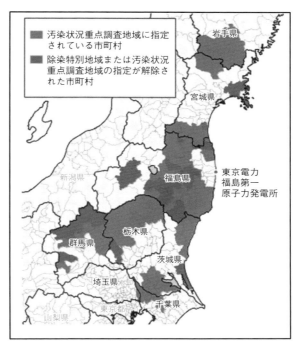

（出所）　環境省「除染情報サイト」ホームページ「市町村が中心となって除染を実施した地域」(http://josen.env.go.jp/zone/)（2024 年 4 月 1 日閲覧）を加工して筆者作成

図 1　汚染状況重点調査地域

る）は，十分な支援がないまま困難な状況に置かれていることを知ることになったのは，事故直後の時期であった。

　自らが暮らす地域が原発事故による放射能汚染を受け，さらに多くの避難者が困難に直面するなかで，原発事故被害地域の住民でもあり，避難者への支援に取り組む関係者でもあり，さらに栃木県は東京電力管内に位置することから，福島第一原発が作った電気の消費者でもあるという，複層的な当事者性を筆者は帯びることになった。「この事故は自分とは関係がない」とは，とても言えない状況に置かれたのである。

(2) 学際的な研究環境

　原発事故の調査研究に従事するようになった要因として，筆者が所属する宇都宮大学の国際学部が，多様な学問分野の研究者が集まって構成される学際的な教育・研究機関であったことも重要であった。事故直後から，環境と国際政治，社会開発論・アフリカ地域研究，ヨーロッパ文学・思想史，開発学などの異なる分野を専門とする同僚の研究者たちが国内外各地から集めた原発事故に関する情報を共有することによって，事故とその被害について複眼的に観察し，分析することが可能となった。これらの同僚たちもまた，栃木県で被害を受けた当事者であると同時に，前述した地域連携型の避難者への支援活動や，学内外の学際的な調査・研究活動にも従事しており，その成果は数多く発表されてきた［髙橋・田口 2014；髙橋ほか 2016；佐藤・田口 2016；髙橋 2022］。

　加えて，筆者が所属する学際的な学会である日本平和学会は，2014 年に「3.11 プロジェクト委員会」を立ち上げ，2023 年まで 10 年をかけて現地調査，学会での多様な部会企画，研究論文集の刊行を行なってきた［日本平和学会 2023］。筆者もこれらの取り組みに参加しつつ，平和学会に所属する環境社会学，国際社会学，国際政治学などの研究者と福島近隣地域の被害について，地域横断的な共同研究にも従事することができた［鳴原ほか 2023；清水ほか 2023］。

　これらの学際的な調査・研究活動を通して，原発事故がまだ生まれていない世代も含めた多くの人々の健康や生活を長期間にわたって脅かし続け，さらには地球環境と生態系にも深刻な影響を与える問題である以上，学問分野を超えて対応をする必要性と緊急性があることを確認することになった。原発事故はしばしば国内「最大の環境問題」と認識され，「公害」との比較を通して研究されているが［除本 2016］，医学者として水俣病問題に長年取り組んできた原田正純は，水俣病を医学という狭い分野の問題として捉えることの問題性を，次のように指摘していた。

　　水俣病は一地方に起こったお気の毒な特殊な事件ではない。水俣病はいま私たちが生きている現代社会のきわめて象徴的・普遍的な課題を内在

させている。そこに，社会のしくみや政治のありよう，専門家の役割や学問のありよう，そして自らの生きざままで，あらゆる問題が映し出される。それほどに水俣病は底深く，普遍性をもった事件である。長い水俣病裁判において延々と続けられた大きな争点の一つが病像論であったことでもわかるように，これほど政治的・社会的な事件を医学の症候学という狭い枠に閉じ込めてしまったことは不幸であった。［原田 2007：121］

　原発事故もまた，放射線物理学や医学の問題としてしばしば矮小化されがちである。そうした言論状況において，人文学，社会科学を含めた多様な学問分野に携わる研究者たちが，事故の被害が社会と人間に与える影響の調査・研究に取り組むことの重要性を，事故発生後の早い時期から認識することができたのは，こうした学際的な研究環境に身を置いていたことが強く関係していた。

(3) 次世代との対話
　2011年3月の原発事故の後，栃木県では4月から教育機関の授業は再開されることになった。筆者が所属する大学でも，多くの新入生を迎えて新年度の授業が開始された。しかしながら，その間も断続的に余震が続いており，福島第一原発の事故現場も不安定な状況が続いていた。筆者は入学したばかりの1年生の必修科目を教えていたため，福島県をはじめとした被災地出身の学生を含めて，100名余りの学生と教室で向き合うことになった。その際の張りつめたような，緊迫した教室の空気のことを，今でもはっきりと記憶している。「このような事態を前にして，大人世代のあなたたちはどのように責任を果たすのか」という問いを，学生たちに突き付けられているように感じたからである。
　事故を起こした福島第一原発はその設置から40年が経過した老朽原発であり，筆者の当時の年齢よりも原発の年齢の方が上であった。筆者が生まれる前に大人たちが決定した原発の設置と運用によって，その後に生まれた筆者や学生たちの世代は，その人生を大きく変えるほどの深刻な影響を受けた

ことになる。筆者は学生たちとは異なり、有権者となってからしばらく時間が経過していたが、原発を政治や選挙の争点として真剣に考えたことはなかった。さらに東京電力の管轄内に生まれ育ちながら、地元で使われる電気が、東北電力管内の福島県や、北陸電力管内の新潟県の「過疎地立地型」の原発［長谷川 2023：57］によって作られていることを、意識することはほとんどなかった。これらの点を踏まえるならば、原発利用の問題性を意識しないまま許容し続けてきた世代として、次世代の学生たちに突き付けられた問いに、どのように応答するのかを考えざるをえなかった。「私は国際機構や国際関係の専門家なので、目の前で起きている原発事故とその被害については関係ありません」、「したがって事故以前と同じ授業をします」と言うだけでは、応答責任を果たしていないのではないか、と考えるようになった。

　衝撃的な事故が発生すると、事故前の「平常時」に戻したい、戻りたいという意識が強くなりがちである。しかし、その「平常時」において、原発という人間と社会を破壊する可能性のある潜在的な大問題を黙殺してきた結果、今回の事故を避けることができなかったのであれば、目の前で繰り広げられる事故とその被害を直視しなければ、次なる事故を防ぐことはできないのではないか。そのような思考を筆者に促したのは、原発事故後の社会を引き受けて生きていかざるを得ない、次世代の学生たちとの対話であった。

(4) 政府・自治体による全体的な被害調査の不在

　このように、事故直後の混乱した時期に醸成されていった問題意識に加えて、筆者が事故被害の調査・研究に携わるうえで決定的に重要となった要因は、政府や自治体が原発事故被害の全体像を明らかにするための調査を実施しない、という事態に直面したからであった。

　原発事故がもたらした被害の規模は広範囲に及んだことから、政府・自治体が多額の予算と資源を用いて調査をしなければ、その被害の全体像を明らかにすることは困難であった。ところが、本来は事故原因や被害の実態を調査する役割を担うはずの政府や自治体が、利害関係をもたない中立的な主体となり得ず、むしろ原発活用に利益を見出す当事者となっているという政治的・経済的な構造が、被害の全体像を捉えるための調査を困難にしてきた。

原子力発電は1950年代以降，日本政府が積極的に推進する「国策民営」方針が採用されてきたことはよく知られている。さらに最近の動向として2022年に日本政府は，東電福島原発事故以来封印してきた原発の活用と新設の方針を，再び打ち出すに至った［大島 2023］。原発推進に利益を見出し続ける政府・自治体が利害関係者であるがゆえに，原発推進政策にとっての障害となりうる原発事故被害の調査を徹底的に行なう蓋然性は乏しく，実際に広域，多分野にわたる被害の調査は政府によって実施されていない。
　調査に関する不作為の例としては，放射性セシウムの土壌汚染の実態調査と情報公開が福島県内外の汚染地域の住民から長らく求められてきたものの，政府機関による調査と情報公開が実現されていない事例が知られている。さらには2017年3月に支援が打ち切られた避難指示区域外からの避難者については，2015年度までは福島県による全国調査の対象となっていたものの，その後は同様の調査が行なわれていない[6]。また福島県内に暮らし続けた住民を対象とした被害実態の調査や，福島県隣接地域の被害調査などをめぐっても，政府や自治体による取り組みが不十分であることが指摘されてきた［原子力市民委員会 2022：59-64］。
　武力紛争下の一般市民の被害について研究をしてきた筆者は，原発における過酷事故とその被害について何ができるのか，と自問するなかで，戦争や内戦の被害とその記憶に関わる先行研究から得られた次のような教訓を想起することになった。すなわち，たとえ被害が事実として存在していたとしても，被害の記録が残らなければ被害自体がなかったことにされるという，武力紛争や人権侵害の歴史を振り返ればくり返し立ち現われてきた問題である。加害者はしばしば被害者よりも政治的・経済的・社会的に優位な立場に立っており，加害の事実に関する記録や記憶を書き換える力も有すること，被害者は社会的なスティグマや報復を恐れて被害を語ることが困難であることも，共通してみられる課題である［藤原 2001；米山 2005；グラック 2019］。このように，国家規模での被害調査が不可欠な大規模原発事故が発生したにもかかわらず，政府・自治体による調査やその結果の公表が十分に行なわれない状況において，まずは被害を調査し，その記録を残す必要があるのではないか。
　以上に述べた要因が主な動機付けとなって，筆者は原発事故被害を調査す

る必要性を痛感し，他の分野の研究者と協力しながら調査を進めることになった。その過程で，原発事故の実態を理解するためには，多様な地域・分野に及ぶ被害を調査し，情報を収集するという実態記述的な調査研究が必要となると同時に，事故の原因や被害拡大の要因を生み出した構造的な問題に関する分析的な研究もまた必要であることに気づくことになる。続く 3 では，実態記述的な調査と構造分析的な研究の関連性について考察する。

3　原発事故被害の実態調査と問題構造の分析

2 で述べたように，原発事故による被害が事実として発生していたとしても，その記録が残らなければ被害が不可視化されてしまうのではないか，という問題認識の下で，筆者は実態記述的な調査に着手した。その後，それらの実態調査を行なわなければ見えてこなかった，構造的な要因についても分析する必要性について自覚するようになった。

(1) 被害を可視化する実態調査

筆者が原発事故被害の実態調査に乗り出すきっかけとなったのは，2012年に勤務先の大学で開催された，「福島乳幼児・妊産婦支援プロジェクト」の報告会での出来事であった。前述したように，福島県から栃木県に避難をした乳幼児・妊産婦への支援を目的とした同プロジェクトの報告会では，福島に残っている子育て世帯へのアンケート調査を実施し，その結果を社会に発信していた。このプロジェクトによる報告会に参加した栃木県北地域在住の住民から，栃木県北にも放射性セシウムによる汚染が深刻な地域があること，しかし福島県のように公的な対策や支援が提供されず，自己責任で放射線からの防護対策をしなければならないこと，情報も不足しており，住民同士でこの問題について話し合うことすら困難な状況であることについて，相談を受けることになったのである。相談者は事故当時，幼稚園に通っている子どもをもつ保護者であった。ところが，他の保護者と原発事故被害が子育てに与える影響について自由に話すことができないことから，大学が子育て世帯の保護者を対象としたアンケート調査を実施して，他の保護者がこの問

題についてどのように考えているのか調べてほしい，という依頼を伴うものであった．

　当時から現在に至るまで，東電福島原発事故被害の調査の多くは福島県やその関係者を対象に行なわれてきた．しかし 2 でみたように，放射性物質は県境を超えて拡散しており，その被害は東北・関東地方一帯に広がっている．本来は，政府や自治体が県境を超えて詳細な被害の実態調査を行なう必要があった．ところが，福島県内の避難指示区域の住民を対象に実施されている「住民意向調査」のような実態調査は，福島近接地域では実施されていなかった．このように，官民両分野で発生していた原発事故被害調査に関わる「地域間格差」を是正するために，そして原発事故被害の全体像を把握するために，原発事故の影響を受けた栃木県内での実態調査が必要であることは明らかであった．

　その後，調査依頼者の尽力と，栃木県北にある幼稚園・保育園の協力を得て，2012 年に先行調査を，2013 年には本格調査を無記名アンケート調査の形式で実施できることになった．2012 年の先行調査では，245 世帯からの回答（回収率約 53％）のうち，94％が「震災後の子育てに関して心配なことがある」と回答していた．そこで 2013 年の本格調査では，那須町，那須塩原市の二つの自治体に協力を依頼し，すべての公立保育園・幼稚園（22 園）と一部の私立幼稚園（16 園）の協力を得て，2202 世帯から回答を得ることができた（回収率約 68％）．その結果，回答者である乳幼児の保護者のうち 8 割以上が，被ばくが子どもの健康に及ぼす影響について「不安に感じている」と回答したのである．調査を依頼した住民は，「被ばくへの不安は，普段の会話に出てこない話題」だが，無記名アンケートでは不安を感じている回答者が多くの割合になったことを重く受け止めていた．調査結果は論文や報告書において公表したほか［清水 2014］，栃木県，環境省，復興庁にも調査結果を住民等と共に届けることで，栃木県への支援と対策を要望する取り組みにも参加することになった．

　これらのアンケート調査を実施した後も，表 1 に示したように，栃木県における被害を住民がどのように認識しているのか，自治体関係者はいかに対応してきたのか，土壌の汚染実態はどうであるのか，栃木県に暮らす福島県

表1 原発事故被害に関する主な調査活動の一覧

時期	調査対象・方法	共同研究者・協力者
2012年	栃木県北乳幼児保護者へのアンケート調査（先行調査）	教育機関関係者
2013年	栃木県北乳幼児保護者へのアンケート調査（本格調査）	自治体関係者／教育機関関係者
2013年～現在	栃木県内の民間甲状腺検査受検者へのアンケート調査	検査実施担当の民間団体関係者／自治体関係者
2014年～現在	福島県から栃木県への避難者（帰還者を含む）への聞き取り調査	避難者当事者団体関係者との共同調査
2015年～現在	栃木県内の被災地住民への聞き取り調査	被災者当事者団体関係者
2018～2023年	栃木県北宅地敷地内における土壌測定調査	物理学・農学研究者との共同研究
2019～2021年	栃木県基礎自治体関係者への原発事故後の対応に関するアンケート調査	環境社会学・国際社会学・国際政治学研究者との共同研究
2023年	事故当時18歳以下の若年層被災者への聞き取り調査・アンケート調査（震災時に岩手・宮城・福島・栃木県に在住していた被災者）	NPO法人からの委託調査／ジャーナリスト，支援者との共同調査
2023年	福島大学・宇都宮大学の学生へのアンケート調査（放射線被ばくとALPS処理水に関する大学生の知識と認識）	環境計画，環境システム工学，環境教育研究者との共同研究

（出所）　筆者作成

からの避難者はいかなる課題を抱えているのかについて，アンケート調査，聞き取り調査，測定調査活動を実施し，その調査結果を公表してきた［鴫原ほか 2023；清水ほか 2023；清水・手塚・飯塚 2022］。また2023年以降は，原発事故当時子どもであった若年層が大学に入学し，または社会で活躍する年代になったことを受けて，聞き取り調査やアンケート調査をNPOや福島大学の関係者とともに実施している［一般社団法人社会的包摂サポートセンター 2024；後藤・清水 2024］。

　これらの実態調査が可能となったのは，常に調査協力者や共同研究者に恵まれたこと，所属機関における調査研究プロジェクトの立ち上げ，そして調査のために必要な研究費を確保できたからであった。表1の「共同研究者・協力者」欄にまとめたように，いずれの調査も，栃木県で被害を受けた住民，教育機関や自治体関係者，福島県からの避難者，多様な分野を専門とする研

究者等の協力がなくては実現しなかったものばかりである。さらに，所属する宇都宮大学国際学部では，学部附属多文化公共圏センターにおいて，「福島乳幼児・妊産婦支援プロジェクト」の後継活動として，調査研究を軸にした「福島原発震災に関する研究フォーラム」を 2015 年に立ち上げている。このフォーラムの活動として，被害の調査研究，公開シンポジウム等による研究成果の社会的発信を続けることで，所属機関や地域社会に向けて，被害の解明の重要性を訴えることができた。加えて，大学内外で調査研究のための予算を確保することができたことも，重要な要因である。東日本大震災直後は，宇都宮大学独自の研究支援制度が作られ，さらに民間機関からも支援を受けるなど，多様な主体からの支援を受けてはじめて調査が可能となった。

　これらの実態記述的な調査を続けるなかで，原発事故被害を増幅させる構造的な要因が複数存在していることに，筆者は気づくことになった。本稿では構造的な要因として，核エネルギー利用をめぐる国際政治と，日本社会におけるジェンダー格差の 2 点について検討する。

(2) 原発事故被害を増幅させる構造的要因の分析

　原発事故被害をもたらすだけでなく，さらに被害を増幅させる構造的な要因として最初に意識したのは，核エネルギー利用をめぐる国際政治が，東電福島原発事故の被害の「不可視化」とどのように関わっているのかという，グローバルな問題構造と事故被害との関係性である。

　前述した実態調査を行なう際に必要だったことから，筆者は放射線防護に関する国際的な基準や，基準がどのように作られてきたのかに関する先行研究を調べていくうちに，東西冷戦下の核開発競争の時代に，核保有国の利害を反映して，当初は核開発にとって都合のよい「緩やかな」放射線防護基準が採用されていたことを知ることになった。ところがその後，被ばくの健康影響が判明する過程で多様な主体が声をあげ，より「厳しい」基準へと変更されてきたこと，その基準が東電福島原発事故を受けて再び緩められようとしていることについても，関連する分野の研究者から学ぶ機会を得た［若尾・木戸 2021］。

　原発事故後によく名前を聞くようになった国際原子力機関（IAEA），原子

放射線の影響に関する国連科学委員会（UNSCEAR），国際放射線防護委員会（ICRP）などの国際的な機関も，核大国の軍事的・政治的・経済的利害から完全に自由ではないことは，国際関係や国際機構を研究していれば予測できたことであったため，大きな驚きはなかった。ところが原発事故後の日本社会では，これらの国際機関がまるで利害をもたない中立・公正な主体のように政府文書や専門家の議論において扱われ，さらに報道が行なわれていることには衝撃を受けた。

政府レベルの意思決定に影響を与える地位にある官僚，政治家，専門家，報道機関関係者が，しばしばこれらの国際的な機関の見解を無批判に引用して原発事故被害を過小評価する傾向があるのに対して，被害を受けた人々を対象とした調査において，軽視できない被害に関する情報が寄せられるという，意思決定への関与者と被害現場の当事者間の被害認識の落差が，実態調査を続けていけばいくほど拡大していったのである。核エネルギー利用をめぐるグローバルな利害の構造が，被災地のローカルな被害を過小評価し，時に不可視化している問題について，国際機構や国際関係を研究してきたからこそ指摘する必要があると考えて，日英両語でこの問題について論じるようになった［清水 2015a，2015b；Shimizu 2015，清水 2022b］。

同じく，聞き取り調査やアンケート調査によって明らかになった構造的な問題として，日本におけるジェンダーに基づく格差をめぐる課題がある。日本は先進国に分類されているものの，世界各国を順位付けるジェンダーギャップ指数では先進国の中で最も低い地位にとどまり続けている（2024年は146か国中118位）。「災害発生という非常時には，それまで不均衡を覆っていたヴェールが剝がれ，社会に構造化されていたジェンダー問題が一気に浮上する」［天童 2021］と指摘されるように，原発事故以前から存在していたジェンダー格差は，事故被害を時に不可視化し，または二次被害を増幅させる要因となってきた。

東電福島原発事故による二次被害をもたらした事故対策の代表的な例が，実際の放射能汚染地域と政府が指定した避難指示区域の間の不一致であった。被害を受けた広範な地域のなかで，ごく一部の地域とその住民にのみ支援が行なわれた一方で，他の地域に暮らす住民の被害は認定されなかったために，

多くの人々は放射線による健康や環境への影響に「自己責任」で向き合うことを余儀なくされた。特に原発事故後の日常生活においてその矢面に立たされたのは，家事労働・ケア労働の主要な責任を担う女性たちであった。性別役割分業が根強く残る日本社会において，「子どもを被ばくから守る」責任の多くが母親としての女性たちの肩にのしかかったのである。政府による避難指示は出ていないものの，汚染を受けた地域に暮らす福島県内外の住民たちは，避難をするのかまたは留まるのか，留まる場合には汚染された生活環境のなかで，どのように自分と家族を防護するのかについて，自らの判断で「選択」せざるをえない状況に置かれることになった。

　日常生活のなかでの放射線防護を目的として，勉強会，測定，除染，甲状腺検査，保養，署名集め，自治体や議員，政府への働きかけ，情報誌の刊行など，自発的な市民活動が事故後に各地で開始されたが，それらの多くの活動を担ったのは女性たちであった［大谷・白石・吉田 2017］。しかし，女性たちが政府や自治体の意思決定に関わる機会は限られており，これらの活動を展開してきた女性たちの経験や知見が評価されず，その支援ニーズが政策に反映されない状況が続いてきた。実態調査の過程で多くの女性たちの声を聴く機会を得たが，原発事故後の対策や復興政策を決定する政治的な意思決定の場に女性たちの声が反映されていないという問題を，東北・関東地方の各地でくり返し耳にすることになった。これらの各地での問題提起を受けて，筆者はジェンダー格差が原発事故被害の認識や支援格差に与える影響についても，考察するようになったのである［清水 2022c, 2023］。

4　倫理的な課題と学問の社会的責任

　以上で説明したように，原発事故後に多様な関係者の協力を得ながら，まずは実態記述的な調査を開始し，その後は被害を増幅させる構造的な要因を分析する研究を続けてきた。その過程で直面した倫理的課題は複数あるが，そのなかで最も困難な課題であったのが，「被害を受けた当事者が語りにくい被害について，研究者は何を語りうるのか」という問題である。

　研究倫理上の必要から多くの研究者が実施しているように，筆者が従事し

てきた実態調査も所属大学の倫理審査を事前に受け，承認を得てから実施してきた。聞き取り調査に際しては，調査の目的，方法，情報管理方法，研究発表の態様，事後に調査協力への同意撤回が可能であることなどを説明し，同意書に署名を依頼してから行なってきた。原発事故前の生活，事故時の状況，その後の生活の変化，被害として認識している事象，必要としている支援などについて，調査協力者の多くは長い時間をかけて詳細に語ることが多かった。その内容を書き起こして原稿化し，確認のために調査協力者に送付することも，事前に約束しているので，毎回その手続きを踏んでいる。

　その際に何度か経験したのは，調査協力者が語った本人や家族，友人の被害経験のうち，最も深刻だと思われる健康面や対人関係に関わる被害について，「調査のときには話したけれど，個人が特定されると困るので，公表する原稿からは削除してほしい」という依頼であった。聞き取り調査の多くは匿名で行なっていたが，小さな共同体に属しているので特定されてしまうことが心配だ，と説明する人が多かった。また，「子どもが将来差別されるかもしれない」と話す人もいた。こうした依頼を受けて，該当箇所は削除したり表現を変えたりして編集せざるをえなかった。これらの経験を通して，筆者はこれまで読んできた戦争や人権侵害に関する当事者の証言記録もまた，最も深刻な被害は語られていない可能性があるという現実を突き付けられたのである。

　さらに筆者が直面した困難な課題が，被害を可視化することに対する批判であった。特に，栃木県における被害については調査研究が少ないことから，その被害を可視化することに対して，汚染を受けた地域に暮らす一部の人々からは批判的な意見が寄せられた。環境省による「汚染状況重点調査区域」に指定された栃木県北地域は，農業，畜産業などの第一次産業や観光業が盛んである一方で，支援や賠償が届かなかった被害者が大多数であった。筆者もまた，政府による支援がなく，社会的に認知されていない被害を可視化することには多くの葛藤があった。しかし，前述したようにこれらの地域は環境省が「汚染状況重点調査区域」として指定しており，原発事故後に放射線量が高くなったことはすでに公表されていること，これらの地域で暮らす人々が受けた被害の詳細が調査されていないこと，被害の調査を希望する住

民も存在すること，支援や救済を求めるためにも被害の実態調査が必要であることなどを踏まえて，あえて調査を実施することを選択してきた。そしてそれは，常に非常に重たい選択であり続けている。

　こうした選択をする際に意識したことは，グローバルな問題構造のもとで発生するローカルな被害に，被害を受けた個人が自己責任で向きあうことの問題性であった。残念ながら，広域に拡がる放射能汚染は「風評被害」ではなく「実害」であり，その影響は長期間続くことがわかっている。誰もが直視したくない過酷な現実を，特に次世代の人々は引き受けて事故処理を続けなくてはならない。事故を起こした責任を負う世代として，せめて次世代に事故被害の実態を伝え，できる限りの対応をしてからこの社会を引き継いでいく責任が，学問の社会的責任として問われているのではないだろうか。

　原発事故後の日本社会の問題状況を踏まえるならば，たとえ歴史に残る大規模な原発事故と未曾有の被害が発生したとしても，自動的に必要な対策や支援が実施されるわけではなく，さらには事故後の社会を生きる人々にとって共通の問題として認識されるわけではない，ということが明らかになってきた。原発における過酷事故は，事故を引き起こした原因や，その被害が拡大していった要因が複雑であることが知られている。さらに，被害を受けた地域や分野も広大であることから，原発事故とその被害の全体像を構造的に捉えること自体が，非常に難しい。そうであるからこそ，被害を調査し，問題構造を分析し，それらの記録を残すことによって，原発事故と同時代に生きる人々だけでなく，後世の人々が，ひとたび原発事故が発生するといかなる被害が発生するのかを認識できるようにするために，学問が果たしうる役割は大きい。それが大規模な人権侵害が発生した時に学問には何ができるのか，という問いに対する，筆者の暫定的な答えである。

　【付記】本稿は，JSPS 科研費 20K02130 並びに 24K15559 の研究成果である。

(1)　福島県によれば，最も避難者数が多かった 2012 年 5 月には県外避難者約 6 万人，県内避難者約 10 万人，合計 16 万人以上が避難していたと報告されている。福島県「ふくしま復興情報ポータルサイト　避難者数の推移」2024 年 3 月 8 日，

https://www.pref.fukushima.lg.jp/site/portal/hinansya.html，2024 年 4 月 1 日閲覧。
（2）　東電福島原発事故の展開，事故時の対応，その後の被害の拡大についての詳細は，2012 年 6 月に刊行された東京電力福島原子力発電所事故調査委員会（国会事故調）による報告書に詳しい。国会事故調・東京電力福島原子力発電所事故調査委員会（2012）『調査報告書（本編）』https://www.mhmjapan.com/content/files/00001736/naiic_honpen2_0.pdf，2024 年 4 月 1 日閲覧。
（3）　年間追加被ばく線量とは，自然放射線や医療放射線による被ばく量を除いた 1 年間の被ばくの線量で，日本では一般公衆は 1 ミリシーベルトと事故前から定められていた。
（4）　環境省告示第 108 号（平成 23 年 12 月 28 日付）。環境省告示第 13 号（平成 24 年 2 月 28 日付）。その後一部解除されたため，2024 年 5 月現在では 65 市町村となっている。
（5）　福島県「福島県から県外への避難状況（推移）」2024 年 2 月 1 日時点，https://www.pref.fukushima.lg.jp/uploaded/attachment/616197.pdf，2024 年 4 月 1 日閲覧。
（6）　福島県が 2013 年度から 2015 年度まで毎年実施していた，全国的な「避難者意向調査」の結果は，以下のサイトで公開されている。福島県「ふくしま復興情報ポータルサイト　避難者意向調査結果について」（2018 年 9 月 27 日更新），https://www.pref.fukushima.lg.jp/site/portal/ps-hinansha-ikouchousa.html，2024 年 4 月 1 日閲覧。

■引用・参考文献
一般社団法人社会的包摂サポートセンター（2024）「よりそいホットライン 2023 年度委託調査「被災地・広域避難者若年層の実態調査プロジェクト」報告」『よりそいホットライン 2022 年度報告書』146-248 頁。
岩真千（2017）『「旅する蝶」のように――ある原発離散家族の物語』リベルタ出版。
宇都宮大学国際学部附属多文化公共圏センター（2013）『福島乳幼児・妊産婦支援プロジェクト（FSP）報告書　2011 年 4 月〜 2013 年 2 月』https://uuair.repo.nii.ac.jp/search?page=1&size=100&sort=custom_sort&search_type=2&q=586，2024 年 4 月 1 日閲覧。
―――（2014）『福島乳幼児・妊産婦支援プロジェクト（FSP）報告書　2013 年 4 月〜 2014 年 2 月』https://uuair.repo.nii.ac.jp/search?page=1&size=100&sort=custom_sort&search_type=2&q=585，2024 年 4 月 1 日閲覧。
大島堅一（2023）「国による GX 推進＝原子力開発推進政策批判」『環境と公害』53 巻 2 号，36-40 頁。

大谷尚子・白石草・吉田由布子（2017）『3.11後の子どもと健康——保健室と地域に何ができるか』岩波書店．

グラック，キャロル（2019）『戦争の記憶　コロンビア大学特別講義——学生との対話』講談社．

原子力市民委員会（2022）『原発ゼロ社会への道——「無責任と不可視の構造」をこえて公正で開かれた社会へ』インプレス．

後藤忍・清水奈名子（2024）「放射線被ばくとALPS処理水に関する大学生の知識と認識についての調査：福島大学生と宇都宮大学生へのアンケート結果の分析」『福島大学地域創造』35巻2号，59-75頁．

佐藤嘉幸・田口卓臣（2016）『脱原発の哲学』人文書院．

鴫原敦子・清水奈名子・原口弥生・蓮井誠一郎（2023）「原子力災害後の初期対応・除染に関して福島近隣県が抱える課題——茨城・栃木・宮城の自治体アンケート調査分析から」『自治総研』537号，67-87頁．

清水奈名子（2011）『冷戦後の国連安全保障体制と文民の保護——多主体間主義による規範的秩序の模索』日本経済評論社．

———（2014）「原発事故・子ども被災者支援法の課題——被災者の健康を享受する権利の保障をめぐって」『社会福祉研究』119号，10-18頁．

———（2015a）「危機に瀕する人間の安全保障とグローバルな問題構造——東京電力福島原発事故後における健康を享受する権利の侵害（前編）」『宇都宮大学国際学部研究論集』39号，37-50頁．

———（2015b）「危機に瀕する人間の安全保障とグローバルな問題構造——東京電力福島原発事故後における健康を享受する権利の侵害（後編）」『宇都宮大学国際学部研究論集』39号，51-66頁．

Nanako Shimizu（2015）"Human Insecurity Caused by the Dysfunction of the State: New Security Issues in Post-Fukushima Japan," *Asian Journal of Peacebuilding*, Vol.3, No.2, pp. 165-187.

清水奈名子・手塚郁夫・飯塚和也（2022）「栃木県北部の宅地敷地内における土壌中の放射性セシウム——2018年，2020年，2021年の調査結果の比較考察」『宇都宮大学国際学部研究論集』54号，29-37頁．

清水奈名子（2022a）「性的搾取・虐待の被害者救済と防止——国連平和活動が関わる事例を中心として」片柳真理ほか『平和構築と個人の権利——救済の国際法試論』広島大学出版会，142-177頁．

———（2022b）「国際的な放射線防護基準と日本政府の対応をめぐる課題」髙橋若菜編著『奪われたくらし——原発被害の検証と共感共苦』日本経済評論社，27-48頁．

―――（2022c）「原発災害とジェンダー――不可視化される女性たちの被災経験と支援ニーズ」『学術の動向』27巻4号，41‐45頁。
清水奈名子・鴫原敦子・原口弥生・蓮井誠一郎（2023）「原子力災害後の健康調査に関して福島近隣県が抱える課題――茨城・栃木・宮城の自治体アンケート調査分析から」『宇都宮大学国際学部研究論集』56号，15‐26頁。
清水奈名子（2023）「東電福島原発事故に直面した女性たち――被害を増幅させる要因としてのジェンダー格差」『経済社会とジェンダー』8巻，47‐77頁。
清水奈名子・髙橋若菜（2024）「原発避難者の人権をめぐる課題――国連人権理事会「国内避難民の人権特別報告者」報告書が指摘した課題とは」『環境と公害』53巻3号，35‐40頁。
関礼子・原口弥生編（2023）『福島原発事故は人びとに何をもたらしたのか――不可視化される被害，再生産される加害構造』新泉社。
髙橋若菜・田口卓臣（2014）『お母さんを支えつづけたい――原発避難と新潟の地域社会』本の泉社。
髙橋若菜・田口卓臣・松井克浩（2016）『原発避難と創発的支援――活かされた中越の災害対応経験』本の泉社。
髙橋若菜編著（2022）『奪われたくらし――原発被害の検証と共感共苦』日本経済評論社。
天童睦子（2021）「災害女性学をつくる」浅野富美枝・天童睦子編著『災害女性学をつくる』生活思想社，7‐27頁。
日本平和学会編（2023）『3.11からの平和学――「脱原子力型社会」へ向けて』明石書店。
長谷川公一（2023）「原発城下町の形成と福島原発事故の構造的背景」関礼子・原口弥生編『福島原発事故は人びとに何をもたらしたのか――不可視化される被害，再生産される加害構造』新泉社，57‐82頁。
原田正純（2007）『豊かさと棄民たち――水俣学事始め』岩波書店。
藤原帰一（2001）『戦争を記憶する――広島・ホロコーストと現在』講談社。
除本理史（2016）『公害から福島を考える――地域の再生をめざして』岩波書店。
米山リサ（2005）『広島――記憶のポリティクス』小澤弘明・小澤祥子・小田島勝浩訳，岩波書店。
若尾祐司・木戸衛一編（2021）『核と放射線の現代史――開発・被ばく・抵抗』昭和堂。

第4章

猫がつむぐ物語
―― テクストを読む ――

松井貴子

1 はじめに

　学術的な文学研究では，先行研究を参照して自己の研究を位置づけること，作家や作品に関わる情報を調査して考え合わせることが必須である。比較文学研究では，研究対象とする複数の作家や作品との間に，根拠のある明確な影響関係があること，異なる時代や地域に生きた作家たちや，彼らが創作した作品を比較研究する必然性があることも必要とされていた。しかし，こうした実証研究を最重視することは，ときに研究者を呪縛し，創造性を抑圧してしまうため，周縁情報にとらわれないで，文学そのものに向き合うことが提唱されている。学部3，4年生が，主体性を発揮し，独創性のある卒業研究を遂行するために有効な方法の実践として，文学研究の原点に立ち返って，作品のテクストそのものを読み解くことを試みたい。比較文学研究の歴史と方法について整理した後，日本とアメリカで，それぞれに出版された擬人化された猫が登場する絵本と，その翻訳書について，いくつかの観点から考察を加える。

2 比較文学比較文化研究として，テクストを読むということ

(1) 比較文学研究の歴史と方法

　日本の比較文学研究は，第二次世界大戦後，大きく発展した。1970年代は，その歴史を振り返り，研究成果を集大成して，さらなる進展を期する時期であった。1973年から1976年にかけて『講座比較文学』（全8巻）が刊行され，エクスプリカシオン・ド・テクストとは何か？という問いに答えるべく，『文章の解釈――本文分析の方法』（1977）が刊行された。エクスプリカシオン・ド・テクストは，比較文学研究の基礎となるテクストの読み方である。

　比較文学研究がどのように発展し，どのような方法を用いてきたのか，当時の共通認識は，次のように要約することができる。

　18世紀後半のヨーロッパで，民族精神，国民文化が自覚されたことから，文学研究では，19世紀に入って，各国文学研究がその正統に位置づけられた。19世紀後半には，文学は他国の文学との直接的，間接的交流からも形成されて，一国の枠を越える普遍性を持ち，国際的な視野による文学現象の研究として比較文学が行なわれた。20世紀前半のフランスの研究者は，文学作品の源となる材料や影響，あるいは外国における作家や作品の名声など，具体的に追跡できる文学的関係の探究を行なった。これは，実証主義的な史的研究であり，手堅く，着実である。しかし，文学を享受する研究者の目を束縛し，文学が内包する価値を自由に，創造的に研究する方向性を見失わせがちになる弊害があり，文学の周辺問題の研究に堕するものであるとして批判された。第二次世界大戦後，アメリカ他の多くの研究者が，事実関係に限定されない史的に無関係な文学現象の比較を可能にする，より開かれた研究態度を主張した［亀井　1976：1-3］。

　比較文学研究者の最大の課題は，文学の内奥に動的に迫る精神を確立することであり，文学現象の諸関係を研究するのは，文学や文化そのものを，よりよく理解するためである。しかし，実際は，単なる機械的操作にとどまり，文学の周辺の調査に終わることが多かった。そこで，文学の内的構造への注目と探究としてのエクスプリカシオン・ド・テクストが，比較文学研究の基

礎となった［亀井 1976：19］。

　比較文学では，固定した枠を上からはめない。エクスプリカシオン・ド・テクストは，フランスの中等・高等教育で行なわれている訓練方法で，原典味読と訳される。原典味読は，テクストを正確に読み，著者の言おうとしている内容を過不足のない言葉で説明することである。文章に即して分析し，そこから得た印象を基に論を進めるのである［平川・亀井・小堀 1977：ⅰ-ⅲ］。

(2) 比較文学研究におけるエクスプリカシオン・ド・テクスト，原典味読

　比較文学研究について，1990年代には，次のように再論されている［大澤 1994：11-12］。

　初期の比較文学研究は，国境を越えた文学の交流を研究対象とした。文学における文化交流史は，国別の文学史では扱いきれない内容であり，各国文学史を補強するものである。戦後の日本でも，比較文学では，歴史学的研究方法がとられた。

　歴史上の影響関係が認められない対象を比較文学の研究対象にすると，恣意的な比較が行なわれる可能性がある。このような対比研究を認めるかどうか激しい議論がなされた。その結果，現代は影響関係が複雑に錯綜して，ほとんど特定することが不可能な時代となり，文化交流の経路が限られていた明治時代以来の方法を適用するのは無理があるため，現代の文化交流の状況を把握し，分析するには，対比研究を行なうことが必要になるとされた。

　さらに，絵画と文学の間に見られる影響のようなジャンル間の比較，共鳴の諸相を探ることは，今日の日本においても比較文学の中心的な課題の一つであり，文化を越えるのではなく，ジャンルを越えるだけで比較文学比較文化研究になりうると結論づけられている。

　そして，エクスプリカシオン・ド・テクストについても，比較文学における重要な基礎訓練として言及されている。

　エクスプリカシオン・ド・テクストは，テクストを虚心に読み，そこから湧き出てくる感情を自分の言葉で語る。テクストを離れて勝手な解釈をすることを禁じることによって，解釈が恣意的になることを抑制している。文学研究では，テクストに関する外在的知識や研究史的評価が不可欠であり，エ

クスプリカシオン・ド・テクストは，文学研究の前提となる訓練である［大澤 1994：14 - 16］と明確に位置づけられている。加えて，読者は，作者の意図とは別の意図を発見するのであり，読者が変化して，読み方が変われば，作品の意図も変化していく［大澤 1994：17 - 18］とも述べられている。

比較文学研究では，テクストが文化の壁を越えて，どう伝わるか，どう伝わらないかということが検討される。そして，日本文学が世界文学の一翼を担うものだとしたら，翻訳を通して何が伝わるのか，あるいは何が伝わらないのかは，日本文学の意味を問いなおす作業でもある［大澤 1994：14］と，比較文学としての視点を提示している。

日本文学も比較文学の対象であり，比較文学研究は，日本文学研究と重なりながら進展している。

(3) 各国文学研究として作品を読むこと

1970年代に，比較文学で議論がなされたのとほぼ同時期に，日本文学（国文学）においても，作品を読むことについての議論が提起された。

そこでは，既成の読み方から自由な〈読み〉から出発すべきということが明言されて，小説を読むことは，作品が自分にだけ語りかける声を確実に聞きとることであり，具体的な〈読み〉から，作品の主題や方法を分析し，作家の生の諸相を探ることを通して，作家が遺した文学世界の総体と，それが現代に関わる意味を明らかにする［三好 1979：ⅰ - ⅴ］ことであると述べられている。規定されているかのような固定的な読み方に倣うのではなく，個人が，それぞれの作品に応じて読解し，考察を進めることが求められている点では，比較文学に重なる。ここでは，〈読み〉と，連用形を名詞化して記号でくくることで，特別な意味を持つ用語であることを明示しようとしていることがわかる。

この議論では，漱石の『吾輩は猫である』が扱われ，『猫』の笑いは，漱石が生きるために必要な発明であったと価値づけている。そして，その笑いは，反語（イロニイ），諧謔（ユウモア），諷刺（サタイア）のように，一義的には決めがたく，決める必要もない［桶谷 1979：200］として，自由な読み方を示唆している。

この論では，作品に外在する情報を根拠とする考察も展開されている。
　漱石が，明治37年暮から39年8月まで『猫』を執筆しながら，ほぼ併行して大学で「一八世紀英文学」を講義して，スイフトの諷刺について言及していたことから，スイフトの厭世感に共感して，明治日本の文明の現状に不満を募らせており，漱石のペシミスティックな文明批評は，『猫』の時代にすでに充分自覚的であったと分析している。しかし，『猫』にあらわれた諷刺は，スイフトのようにすべてを凍りつかせる冷酷無惨なものではなく，江戸町人の軽口，駄洒落が生む軽薄な滑稽味があり，それは，江戸っ子漱石のものであるとも述べ，そのような軽い滑稽味と知識人漱石が持った深い厭世からくる諷刺が，独特に混合されたことで，広範な読者を獲得したと評している［桶谷 1979：201-204］。
　アメリカ文学では，1990年代後半に，有名ではないが，多様な文学的魅力を持つ作品を選び，異なる視野から再評価，再解釈を試みる［長畑 2001：9］という試みが実践された。[1] 若手研究者を中心とした読書会で，「学会報告的に武装された内容」［亀井 2001：370］ではなく，テクストを虚心に読んで，研究書や既成の理論からの借り物ではない自分自身の意見を述べること［長畑 2001：18］をめざした。読書会での発表に続くコメントと議論では，問題提起に対する異論が続出したという。
　この読書会での成果をもとに，テクストを読むことについて，「同じテクストを論じても，感じ方や意見がこれほど異なるというのも面白いものだが，その事実によっても，個々のテクストがいかに多角的に読まれうるものかが例証されるのではないだろうか。」［長畑 2001：19］と述べられている。
　比較文学のみならず，各国文学である日本文学，アメリカ文学でも，新たな読み方が提唱され，各分野ともに，作品そのものに密着して読むことを重視する点で同じであった。作品理解を助ける情報は使うが，通説や先行研究に依拠せず，まず自分で解釈し，考察を展開するのである。
　文学は文化と密接な結びつきがあり，文学研究は文化研究に重なる。比較文学という語は，比較文学比較文化という意味を含んでも使われる。作品の基礎的な読解を終えた後，歴史や文化などの状況を考えあわせることが，作家や作品の研究において，有効な方法となる。

3　ちいさな島 The Little Island と猫のカルテット

　比較文学，日本文学，アメリカ文学，それぞれの研究分野で，いかに作品を読むか模索され，研究方法として位置づけるか議論されてきた。作品に関わる先行研究に拘束されず，依存しないで作品を読むことは，文学作品を研究する出発点として，非常に重要である。研究の初心者が先行研究を読んだ後に，その影響から主体的に脱することは，とても難しいからである。

　『ちいさな島』，The Little Island と『猫のカルテット』を対象として，自分の目だけで読み，そこから見出した四つの視点（場の設定，読者の視点の動き，季節表象，主人公が成長して大人になること）で考察を加える。これらの作品は，いずれも，主たる読者が子どもで，擬人化された猫が主人公になっている。商業出版では，対象とする読者が属している社会の価値観に沿うものが多く選択される。日本では，外国作品であっても，翻訳出版の時点で日本化される部分が見られる。このような傾向も含めて，比較文学比較文化研究として考察を試みる。作品研究の第一歩としての仮説的考察である。

(1) 場の設定

　The Little Island は，アメリカ人作家が創作した絵本である。日本では，『ちいさな島』として，翻訳出版された。

　この作品の導入部分では，最初に物語の世界全体が提示されている。読者は，作品世界が，どこまでの拡がりをもって設定されているのか，その限界を把握してから，その内部に入っていくことができる。これは，作者と読者が想定する世界が一致するとは限らないという前提に立って書かれているからであろう。

　作者と読者が，これから共有する作品世界を確認した上で，物語を進めていく書き方は，アメリカで必要とされるものであるように感じられる。アメリカは移民によって成立した国家である。多くの国からの移民が共存する多民族国家では異文化が混在している。そのようなアメリカでは，価値観は一様ではなく，物事のとらえ方にも画一性は希薄である。そのように，多様性

が普通であるからこそ，統一基準が求められるのであろうとも思われる。その場，そのときに一時的に共有する基準が必要とされるのである。そうして，共通理解を得ることができる。全体を提示することは，多様性のある社会で成長する子どものための工夫の一つであると思われる。

『猫のカルテット』は，日本人作家が創作した絵本である。

この作品の導入部分では，物語の世界全体が提示されていない。ごく狭い範囲のピンポイントの一場面から始まっている。そして，ストーリーの展開に従って，物語世界が広がり，全体像に近づいていくという構成である。ここには，作者と読者が，それぞれに想定する世界は同じであろうという期待がある。これは，日本的であると感じられる。

日本は，移民国家ではなく，教育制度も統一的であるため，均質性が高い。全体を明示しないで一部分を提示するだけであっても，誤解や問題が，多文化国家に比べれば，相対的に生じにくい社会である。絵画の画面に余白を残すように，言い尽くさないで，読者が想像する余地を作ることは，ある程度の共通理解が存在していると信じられている日本で，より活きる表現であると思われる。

(2) 読者の視点の動き

作品における場の設定に関連して，作品を読み進める読者の視線の動きに注目して考察を進める。

映画撮影の手法に，ズーム・インとズーム・アウトという2通りの視点の動き方がある。文学作品の場面描写であれば，ズーム・インは，作品世界の全体を提示してから，内部に入って，場の細部を描写すること，ズーム・アウトは，作品世界の一部分の描写から始めて，場を広げていくことに相当する。ズーム・インについては，「どこまでが語られるか，という範囲を，ズーム・インが明瞭に定めてくれることである。」［アンホルト 2008：70］と，その表現効果を利点としてとらえて評価されている。

The Little Island と『ちいさな島』の描写には，ズーム・インの手法が使われている。英語から日本語に訳される過程で，その手法について改変は見られない。

作品の冒頭で,「おおきな海のなかに　ちいさな島があった。」と大景が提示され,作品の全体像を読者と共有して物語が始まる。そして,「島をめぐって　かぜがふき／とりたちが　とんだ。／きしには　潮がよせたりひいたりした。」と読者の視線が島に近づいて,島の具体的な状況が見えてくる。さらに,「島のうえを　くもがすぎ／島のまわりを　さかながおよぎ／きりが　海からやってきて,／ちいさな島を　おだやかに／しめったかげのなかに　かくした。」と描写が続いて,「島のうえ」「島のまわり」という中景に入っていき,読者が目を向ける範囲が縮小していく。そうして,「島のあさは／とても　しずかだった。／クモが　そよかぜにゆれながら／巣を　はっているだけ。」と時間帯が明示され,島の中での細部描写（小景）になっている［マクドナルド 1996：頁番号なし］。
　一方,『猫のカルテット』の描写では,ズーム・アウトの手法が使われている。作品の幕開けの言葉として,「一生懸命なオーケストラ団員マダラ猫の話をお楽しみ下さい。」［浅野 2005：3］と記された後,作品の導入部となる冒頭は,次のように記述される。

　　《黒猫オーケストラ》に一番あたらしく入ったマダラ猫は,ヴァイオリン弾きでしたがまだ下手でした。でもヴァイオリンの団員がちょうど減った時で,またこの猫が,
　　　「お願いです。一生懸命しますから,入れて下さい」
　　と,まんまるな目で黒猫先生にお辞儀をしたので,先生はうっかり入れてしまいました。［浅野 2005：5］

　視野を限った範囲の描写で始まり,場面を設定する情報がごく少なく,作品世界の全体像も示されないままストーリーが進められる。場面を特定する情報は,「町はずれの練習場」［浅野 2005：11］という程度である。そして,作品の半ば［浅野 2005：25］になって,ようやくマダラ猫の身の上がわかる（読者に知らされる）という構成である。
　物語作品の導入方法として,アメリカではズーム・インが,日本ではズーム・アウトが,相対的により好まれる傾向があるかもしれないことが,これ

らの作品に表われていると推測される。

(3) 季節表象

　日本には四季があり，日本人は季節感が豊かであるというステレオタイプがある。このステレオタイプは，日本だけに四季があり，日本人だけが季節感が豊かであるという思い込みになっていることさえあるが，四季の季節変化があるのは日本だけではない。温帯にある多くの国々に季節がある。季節を感じるのを日本人に限る合理的な理由はない。

　The Little Island と『ちいさな島』では，春，夏，秋，冬という季節が明記され，その上で，島の動植物の様相が描写されている。季節を明示する記述は，「島は　春だった。」に始まり，「ちいさな島に　夏がきた。」「秋がきた。」「冬がきた。」と，季節が移ったことが，読者である子どもたちが明確に認識できるように書かれている。季節を区切る記述は，場面の区切りとしても機能し，それぞれの季節のイメージを際立たせている。

　生命活動には，季節ごとに特徴的な様相がある。春には生命体が活動を始める。そして，夏には生命活動が盛んになる。春と夏を経て，秋には生命活動がもたらした実りや成熟を得る。そうして，冬には生命活動が休止，あるいは，終わりを迎える。

　自然界の動植物が見せる生命周期と同じく，人も，誕生し，成長して，成熟し，人生の終焉を迎える。季節の周期が一巡するように，人の一生にも周期がある。人生の周期が，季節の周期と重ね合わされていることが，この作品の特徴である。読者となる子どもたちに，人と自然のつながりを認識させる効果もあるだろう。

　春から夏は，生命の成長期である。この作品では，特に，春から夏が主要な舞台とされて，島の動植物の様相が詳しく描かれている。これは，同じく成長期にある子どもたちが，より共感できる設定であると思われる。

　『猫のカルテット』では，季節が秋に限定されている。作品の冒頭で季節名が明示されることはないが，その後，動植物（トンボ，蝶，すすき，木の葉）や気象現象（日の光，月の光，風，雨）の描写が，随所に挿入される。読者は，そこに自分の季節感を重ねて，季節を共有することができる。これは，

日本で日本人が読者となることを想定した作品であるからこそ活きる作品構成であろう。日本には，古代以来の文学作品によって継承されてきた伝統的な文学的季節感があり，それをもとにした季語や季節行事が，国土が南北に長いにもかかわらず，ほぼ統一的な内容で共有されているため，個人差はあるにしても，多くの日本人が，物や現象から季節を感じることができるからである。

　『猫のカルテット』では，季節が秋であることが，主人公がオーケストラに参加した後，ストーリーが進んでから，「秋の初めの細い出たてのすすき」［浅野 2005：11］という描写で明示される。「秋」とだけいうのではなく，「秋の初め」と，より時期を限定し，秋の植物が季節感を喚起する記述になっている。そして，「すすきの穂がもうずい分出て銀色にゆれている。」［浅野 2005：19］と，すすきの様子を具体的に描写することで，初秋から秋半ばへと季節が動いたこと，つまり，物語の時間が経過したことを表現する。さらに，「すすきの穂はいつのまにかすっかり白い穂わたになって日に光っています。」［浅野 2005：33］と，晩秋に近づきつつあることが表象され，季節変化が，時間の経過に重ねられている。

　このような秋の初めから晩秋までの季節表象は，「オーケストラの本番は，秋の終わりのある日に，無事に終えました。」［浅野 2005：29］という，主人公にとって重要な記述とつながっている。我流の演奏しかできなかった主人公が，オーケストラで仲間を得て，合奏ができるようになるまでの変容と連関している。すすきの穂が出たばかりで細いのは，オーケストラに入ったばかりで，存在感が希薄な様子を，穂が出てきて銀色になってゆれるのは，居場所を得た様子を，白い穂わたになって日に光るのは，練習して力がついて，一人前の演奏者になったことを象徴している。音楽をテーマにしたこの作品では，楽器の音色と自然現象が一体化してとらえられていることも特徴であった。そして，作品の最後の場面で，音楽会でカルテットを聴いていたおじいさん猫が登場する。ここでの季節表象は，彼の記憶にある，過ぎ去った日々の「キラキラ光る日の光」［浅野 2005：43］，「吹き渡る風の音」［浅野 2005：43］，「いつもかけのぼった樺の木の緑」［浅野 2005：43］，「蝶を追いかけた原っぱ」［浅野 2005：43］，「銀色のすすきの原」［浅野 2005：43］，「寒い冷

たい雨」［浅野 2005：43］である。『猫のカルテット』でも，*The Little Island*，『ちいさな島』と同じように，季節の変化と人生の周期が重ねられている。最後に，秋から冬へと季節が移ることを感じさせて，物語は終わりを迎える。

（4）主人公が成長して大人になること

　季節表象に仮託して，時間や人生の移り変わりを表象し，その後の人生に大きな影響を及ぼす転換点を重ねることが，*The Little Island*，『ちいさな島』と『猫のカルテット』に見られ，その転換点は，大人になることであった。子ども向けの絵本は，社会の価値観を反映する。大人になるとはどういうことなのか，日米で差異があるのか比較考察する。

　The Little Island と『ちいさな島』では，島にやってきた主人公「こねこ」は，自分は地に足がついていて，島は海に浮いていて小さいという理由で，島に対して優位性を主張し，食物連鎖で自分より下位にある魚に対しても大きな態度をとる。しかし，こねこは，自分が知らないことを島や魚から教えられたことで，変化する。海上で見えている島は小さいが，海中で大地につながっている。猫は，それを実見できないので，自分が泳げないことを魚に告白して教えてもらう。そして，魚の話を信じた。このようにして，他者が，自分より弱い存在であっても信頼し，尊重することを学んだのである。

　The Little Island では，'the kitten' を 'the cat' に変えて，精神的に大人になったことを示している。主語の明示が必須である英語の特徴が活かされた表現である。このような変更は，『ちいさな島』にはまったく見られない。最後まで，「こねこ」のままで通されている。日本語には，主語を省略しても文脈から把握できるという特徴があり，主語を明示することは，最重要ではない。原文に忠実に，「こねこ」を「ねこ」と変えて訳しても，英語でのような表現効果は得られないであろう。

　『猫のカルテット』では，演奏が未熟な主人公「マダラ猫」は，自由に弾くときはうまく弾けるが，楽譜通りに弾くのは苦手であったので，オーケストラ団員たちに迷惑をかけないようにと緊張していた。マダラ猫にとっては，楽譜が自由を制限するものになっている。この楽譜は，自分が属する社会で尊重される行動規範，規律の比喩であると推測される。マダラ猫は，練習し

て，正確に弾けるようになるが，自由に弾いていたときの感動を失ってしまう。自然との対話ができなくなるという代償である。それでも，楽譜には深い意味があることを，後に自分で気づく。そして，楽譜に従って，仲間と合わせて演奏すること，楽譜を通しても自然と対話することができるようになった。作品では，第一ヴァイオリンの「シャム猫」が，二日酔いで演奏ミスをしたために練習が中止になる。その日の夜，マダラ猫は，シャム猫がわざとミスをして，マダラ猫との昼食の時間を作って，話をしてくれたことに，自ら思い至り，シャム猫の言葉の真意を理解するという流れである。

　他人の言動の本質，本当の意味を察して，自ら悟るのが大人である，というメッセージであろう。言葉で言い尽くすことに積極的な価値を置かず，言外の意味を理解することが求められる日本社会で必要とされる能力である。

　この作品で語られるのは，子どもから大人になる苦しみであり，得るものがあるが，失うものもあるということである。合奏には規律が必要であり，他の社会生活でも同様であるというメッセージも込めていると思われる。人が集団で暮らす社会生活では，個人の自由，楽しさだけを追求するのではなく，その社会の規範を身につけることで，その社会の一員として存在することができるようになる。

　子ども向けの作品には，その社会の価値観に同化させる目的があり，それゆえに，日本とアメリカの違いが端的に反映されるのであろう。

　The Little Island と『ちいさな島』で，大人になるということは，

　　自分の能力を過大評価しない
　　できないことはできないと認める
　　自分にない能力を持っている相手を信頼し，その力を借りる
　　信頼できる相手を見極め，他者とのつながりを持つ
　　個と個のつながりを持つ

であり，「猫のカルテット」でも，

　　独りで自分勝手に行動しない

集団や社会の一員となる
必要な制約を甘受する
規律や行動規範を習得し，順守する
自律した個人として個性を持つ

ということが，読者へのメッセージとして含意されていた。これらは，それぞれの社会で必要とされる理想的な大人像である。ステレオタイプにも見えるほど明瞭にすることで，子どもたちに伝わりやすくなっていると思われる。

児童文学には，子どもたちが，成長して，その一員となる社会の規範や常識を知るという機能が期待されている。児童書が商業出版となるときには，その社会の多数派が受容している価値観や理想が反映されているかどうかが，評価軸の一つになる。これらの作品にも，それが表われているのである。

4　おわりに

本稿では，比較文学の基本文献から，その歴史と研究方法についてまとめ，作品を読むことに注目した。作品研究の手始めとして，描写された内容に即して考察する視点を見出し，仮説を提示した。この後に，作品関連の先行研究を調査し，自分の仮説との比較考察をして，新規性や独創性の確認，研究史上の位置づけを試みることが有効であると考えている。

さらに研究を進めるためには，類似の作品を考察対象に加えることが必要になる。作品の選定は，猫，擬人化を共通のキーワードとして，児童書，翻訳作品に加えて，たとえば，コミックやアニメ，小説のような他ジャンルの作品を対象とすることができる。日本では，猫を擬人化した作品がいくつも出版されているので，作品を見つけることは難しくない。

まず，2作品について，作品構成や描写方法に注目して，作品の場，読者の視線，季節，大人になること（社会規範の反映）という視点を設定したが，作品の多様化に応じて見直し，すでに考察を加えた作品に対しても再検討を加えることになる。より広範に研究対象を拡げるならば，文字情報だけでなく，図像，映像，音などで表現される作品を扱うこともできる。卒業論文か

ら始めて，修士論文，博士論文へと展開することができるだろう。

　レポートや論文には提出期限がある。書き始めの頃には想像できないかもしれないが，論文執筆が進んでくると，時間はいくらあっても足りなくなる。論文は，各章のバランスがとれていて，内容に整合性があることが理想である。結論で内容が薄くなるような残念な結果にならないために，作成過程での適切な時間配分がとても大切である。締め切りが近づくほど，より多くの時間が必要になることを頭に置いておきたい。

(1)　宇都宮大学国際学部でアメリカ文学を専門とする米山正文教授から教示を得た。

■引用・参考文献
浅野薫（原作，絵），浅野都（文）（2005）『猫のカルテット』新風舎。
アンホルト，ロバート・R・H（2008）『理系のための口頭発表術——聴衆を魅了する 20 の原則』〈ブルーバックス〉鈴木炎／イイイン・サンディ・リー訳，講談社。
大澤吉博（1994）「テクストを読むということについて」大澤吉博編『テクストの発見』〈叢書比較文学比較文化 6〉中央公論社，11 - 48 頁。
桶谷秀昭「6　夏目漱石」（1979）三好行雄編『近代小説の読み方（2）』〈有斐閣新書〉，有斐閣，190 - 225 頁。
亀井俊介（1976）「比較文学の展望」芳賀徹・平川祐弘・亀井俊介・小堀桂一郎編『比較文学の理論』〈講座比較文学第 8 巻〉東京大学出版会，1 - 20 頁。
───（2001）「あとがき　「アメリカ文学の古典を読む会」について」アメリカ文学の古典を読む会編『亀井俊介と読む古典アメリカ小説 12』南雲堂，365 - 372 頁。
長畑明利（2001）「序　アメリカ古典小説を読みなおす」アメリカ文学の古典を読む会編『亀井俊介と読む古典アメリカ小説 12』南雲堂，9 - 19 頁。
平川祐弘・亀井俊介・小堀桂一郎（1977）「序」平川祐弘・亀井俊介・小堀桂一郎編『文章の解釈　本文分析の方法』東京大学出版会，ⅰ - ⅲ頁。
三好行雄「序に代えて」（1979）三好行雄編『近代小説の読み方（2）』〈有斐閣新書〉有斐閣，ⅰ - ⅴ頁。
Brown, M. W.（1946, 2001）*The Little Island*, New York: Dell Dragonfly Books.（ゴールデン・マクドナルド（1996）『ちいさな島』谷川俊太郎訳，童話館出版）

第Ⅱ部
多文化共生をめぐる研究課題を考える

第5章

多文化共生と公共圏
――「多文化公共圏センター」の取り組みから考える――

中村　真

1　はじめに

　移民として来日した日系人家族の子どもが，学校でのいじめをきっかけに不登校になり，いわゆる不良として犯罪を重ねることで犯罪者として裁かれ，強制送還に至った事例がある［田巻 2019］。このような状況は，いじめという直接的排斥という意味でも問題であるが，それに加えて，学校での学びと，その結果実現する社会参加の機会を奪われてしまう社会的排斥の問題として，より重大である。多文化共生という理念は，このような排斥が生じない社会的状況を指すと考えられる。

　改めて確認しておくと，現在，最も引用される多文化共生の定義は，総務省の地域のグローバル化対応の取り組みに関するものであろう。「多文化共生の推進に関する研究会報告書」（平成18年3月）では，「国籍や民族などの異なる人々が，互いの文化的ちがいを認め合い，対等な関係を築こうとしながら，地域社会の構成員として共に生きていくこと」とされている。この概念規定は日本の現状を踏まえた重要な目標設定と思われるが，本稿では，多文化共生をもう少し一般的な理念としてとらえたい。

　共生の定義は，生物学，生態学から，社会科学にわたりさまざまだが，ここでは，人間の社会における共生，すなわち，社会的共生に注目する。社会

的共生とは，共同体の構成員の安寧に関わる課題であり，宗教，信条，職業，性別，年齢，さらには，出自や国籍，文化的背景といった，個人の様々な属性に関わる差異による偏見や差別，排斥が生じていない社会状況と考える。この定義は，必ずしも積極的な関係構築を前提とはしていない。まずは，排斥や紛争が生じない状況であることを要件とするものである。多文化共生とは，上記の様々な要因の中で，とくに国籍や文化的背景に関係した課題，たとえば，外国籍というだけで排斥されることなく，安心して生活できる社会であるかどうかに関わっている。

　ところで，このような多文化共生という理念を教育研究目標の一つに掲げ，グローバル課題への対応のための教育研究のテーマとして「公共圏（多文化公共圏）」の創設を提起している高等教育研究機関に，宇都宮大学国際学部がある。本稿では，国際学部に設置された多文化公共圏センター[1]の取り組みとその成果を分析することにより，高等教育研究機関による公共圏創設の意味について考えてみたい。はじめに，公共圏概念を確認し，多文化共生に関わるいくつかの課題を指摘する。次いで，著者の専門分野である感情心理学の観点から，公共圏が理性的で言語的な討論を想定するときに，暗黙裡に除外されている人間の感情に注目し，現実の討論の場における感情の問題について検討する。そのうえで，同センターの取り組みを分析し，公共圏創設の意義について考察する。

2　公共圏を創設することの意義
　　　──共生と排斥の問題──

　グローバル化社会が直面する問題の多くは，共生と排斥の問題でもある。たとえば，地域社会における移民や外国人住民の排斥は，その共同体の多文化共生を脅かす問題である。また，温暖化などの地球環境・持続可能性の問題は，世代間の排斥の問題，すなわち，現世代のわれわれが，将来世代の生を脅かす問題でもある。さらに，これらのグローバル課題への対応に当たっては，さまざまな立場や考え方があり，一致した一つの「正しい」解答があるとは限らない。このような課題への対応案の一つとして，公共圏の創設を

あげることができる。つまり，さまざまな背景や立場の人々が自由に参加して対等に議論する場を創設し，そこでの討議を通じて合意点を探り，その過程や結果が政治的な影響力を及ぼすことが想定される。そのような公共圏の創設は，同時に，排除から共生への条件を考える場でもある。

(1) 公共圏の定義に関わる問題

公共圏については，20世紀半ばに出版されたアーレント（1994）の議論を草分けに，とくにハーバマス（1973＝1994）の分析に基づき，現在までさまざまな検討が行なわれているが，おおよそ次のように説明されている。公共圏とは，人々が自律的に自由に参加できる空間であり，そこでは公共の利益に関する問題について，言語による，合理的で開かれた議論を通じて，合意形成や共通理解が図られるとともに，そこでの合意や共通理解が，政治的な影響力をもちうる。

このような公共圏を想定すると，先行研究が批判的に論じているように，多くの問題を指摘することができる。たとえば，参加者の資格や属性，話題の内容，言語以外のコミュニケーション手段の可能性，合意形成や共通理解の程度，政治的影響力の程度，想定される空間の規模や数，などの問題が挙げられるだろう。公共圏の参加者に関する問題としては，もともと，暗黙裡に18世紀当時の市民の主要構成員であった白人成人男性のみが想定され，女性やマイノリティの参加が考慮されていないことへの批判がある。また，言語による合理的コミュニケーションを想定すると，そのために必要な教育を受けていることが前提になり，参加者が制限される。さらに，人は，感情から自由になることはできず，必ずしも，合理的に，言語によってのみ議論しているわけではない。合意形成に関しては，そもそも合意形成を明示的な目標として空間が設定されるのか，また，どの程度の合意で合意が形成されたと考えるのかは明らかではない。この点は，政治的影響力についても同様である。加えて，公共圏と呼ばれる空間の複数性，多元性を想定すると，それらはどのように政治的影響力をもちうるのだろう。

このように多数の疑問点や課題，限界をはらんでいるにもかかわらず，現在も，ハーバマスの公共圏の成立と変遷についての分析が繰り返されており，

公共圏という概念がさまざまに定義され，哲学，社会学はもとより，政治，経済，文学，芸術学など，多様な分野に拡張され，検討されている［たとえば，西尾 2020］。また，近年のネットワーク化されたオンライン空間における公共性の分析などにも適用されていることを踏まえると［長崎 2008；田中 2016；辻・辻・渡辺 2011］，この概念を手掛かりに多文化共生の課題について議論を進めることには，一定の意味があるものと考えられる。

(2) 本稿における定義

昨今のオンライン空間の分断状況などを踏まえ，公共圏概念の前提そのものを見直すべきという主張もあるが，本稿では，理念としての公共圏概念の意義を念頭に，上述した基本的なまとめを基に，改めて，次のように定義する。

公共圏とは，さまざまな背景，立場の人間が自律的に自由に参加でき，公共の利益に関する問題について，平等で，合理的で明示的な言語的コミュニケーションに基づく開かれた議論を通じて，合意形成や共通理解を図るとともに，そこでの合意や共通理解が，政治的な影響力を持ちうる空間と考える。この空間は，カフェや会議室での対話のように，参加者が時間と場所を共有している場合もあれば，書物やテキストを読んだり，交換したりするような場合，さらに，インターネット上のソーシャルメディアのような，参加者が必ずしも時間と物理的空間のいずれをも共有していない場合も含まれる。

この説明には，先に指摘した多くの曖昧さや，課題が残っているが，そのいくつかについては，次のセクションで検討したい。多文化共生を含め，共同体における共生について考えるとき，そこには常に，偏見や差別，排除・排斥の問題が伴っているため，このような問題について議論する場として，公共圏を創設しようとすることには必然性がある。つまり，公共圏は，公共性や共同体のすべての人の利益に関わる関心ごとに関係している。さらに，公共圏とは何かを考え，それを設定することが，そこに参加する市民，個人の資格や条件を考察することでもあり，社会的にも重要な意味を持つと考えられる。

(3) 公共圏参加者の多義性と中間組織の重要性について

　先に，公共圏の定義に関わる曖昧さの問題を指摘したが，ここでは，とくに，参加者の属性に関わる多義性の問題と，多元的公共圏の構成要素としての中間組織を取り上げる。

　参加者の多義性について考えると，そもそも，個人によって，自律の程度はもとより，母語，知能，スキル，性格，態度，健康状態，年齢，性別，職業，経済状況など，その属性はさまざまであり，合理的に，言語的に考えを表明する能力にも大きな個人差があるだろう。また，われわれは，社会において複数の異なる集団に所属し，それぞれで役割を果たし，多様な人間関係をもって生活している。職場，地域社会，家庭での役割，また，たとえば職場に限ってもメンバー一人ひとりとの業務上の関係や上下関係といった多重の役割や関係の違いがあり，一人の人格でありながら，このような多面性を有する存在としてある。

　一人ひとりが，このような多様な能力，属性，側面を持つとすれば，刻々と展開し，変化していく討議の内容や，討議に参加している相手との関係の違いよって，一貫した発言が難しくなったとしても不思議ではない。現実的には，理性的な言語的メッセージの交換そのものも文脈の影響を受けて変化し，同時に，その背景にある参加者の気分や感情のような非言語的にしか現われ出ないような情報が重なり合う空間が生じることになる。

　このような前提で公共圏への参加資格を厳格に規定することは難しい。しかし，少なくとも，合理的で，明示的な言語的コミュニケーションが可能であること，もしくはその意思があることは条件になると考える。同時に，公共圏について考える時には，参加者に関わる要因として，人格の多義性や感情についても検討を進めなければならないことを確認しておく必要がある。

　ところで，ハーバマスが一元的な公共圏を想定していたことを批判的に吟味し，多元的公共圏，小公共圏群を想定しようとする議論もある。辻ら［辻・辻・渡辺 2021］によると，民主主義，平等主義に基づく個人主義の進展により，市民の個人化が進み，分断されている社会状況が生まれ，並行して，市民が組織的に協力するさまざまなレベルの共同体が衰退し，国家が個人を直接コントロールするこれまでにない統治の図式が生じている。そのため，

サークル，NPO，組合，地域共同体，メディアなど，個人同士のつながりを形成するための中間組織が重要となる。また，渡邊［2015］は，18世紀ドイツにおける言語協会の設立を例に，このような中間組織がつくられていく過程と公共性が成立していく状況を分析している。さらに，崔［2020］は，公共圏が一元的なものではなく点在していることの重要性を指摘し，多元的な公共圏という言説のアリーナにおいて，討議のための格闘を通じて合意点を探ることが民主的政治において重要であると指摘している。高等教育研究機関としての大学は，市民と国家（政治）を仲介するためのこのような中間組織の一つとしての役割，また，多元的な中間組織を支え，リードする役割を期待されているのではないだろうか。

ところで，トクヴィル［1840＝2008］は，19世紀のアメリカ社会の特徴の一つとして結社の自由を取り上げ，潜在的警告とともに積極的評価を記している。警告とは，つまり，結社としての中間組織は，それが政治的なものになれば，政府を転覆させるような革命的な目的とそれを実行する暴力的組織を有する危険な集団になる可能性があるという指摘である。これは，近年の合衆国における政治的分断や，2021年の連邦議会への乱入事件などを見ると，きわめて重要な予見であったと言えるだろう。一方で，トクヴィルは，制限のない結社の自由こそが，政治的影響力持つ中間組織とともに，日常レベルでの小規模な共同体としての協力を自然に生み出す力を持っていることを指摘している。このような，自発的で自律的な協力こそが，公共圏を構想し，多文化共生に関わる課題への取り組みを考えるうえで，不可欠な要素となるだろう。

3　公共圏と感情

人間は感情の生き物であり，感情から解放されることはない。しかし，公共圏での議論は，理性的で合理的な討議によるものとされ，感情は抑制されるべきものであり，分析の対象にされてこなかった。公共圏を構成する，また，その形成を支援するジャーナリズムに関する分析において，ヨルゲンセン［2020］は，感情は自由民主主義が前提とする合理性に対立するものと見

なされ，客観報道主義へのこだわりや規範化のために，感情を排して事実のみを伝えることが重視されてきたと論じている。しかし，実際には，読者に真正性を伝える手段として，ジャーナリストたちは記事を感情化してきた。報道記事における個人の感情的な語りの効果的な使用や，新聞報道での抗議運動の背景にある合理的な怒りは，その正当性を保証する効果を持つことなどが報告されている。この節では，感情が討議にどのように関わっているのかを検討した最近の知見と古典的理論を踏まえ，公共圏の創設と感情の関係について考える。

(1) 公共圏を分断する感情

　インターネットの発展により新しい討論の場が創出されることになり，SNSのようなネットワーク環境におけるコミュニケーションが分析され，感情が排斥や分断を引き起こす主要な役割を果たしていることが指摘されている［中村 2023も参照］。一例として，在日コリアンが多く暮らす宇治市伊勢田町のウトロ地区での放火事件の例を紹介する。事件の被告は在日本大韓民国民団の愛知県本部の壁に火をつけたなどとして，器物損壊の疑いで愛知県警に逮捕されており，この事件は，民族蔑視に基づく「憎悪犯罪（ヘイトクライム）」と考えられた。京都新聞社説（2022年5月17日付デジタル版）によると，放火したとして起訴された奈良県の22歳男の初公判が京都地裁で開かれ，被告は起訴内容を認めた。この男性は，「朝鮮人が嫌いだ」，「注目を集めたい」などと証言し，韓国人に敵対感情があり，彼らが自分たちよりも優遇されていることが許せなかった，韓国人を攻撃すればヤフーなどで取り上げられ称賛されるとも思った，などと語っている。ここでは，怒りや敵意，憎悪のような感情が，インターネット上の排外主義サークル内の限られた仲間とのエコーチェンバーの中で増幅し，選択的に排外主義的情報が蓄積していくフィルターバブルの状況があったものと推測できる［笹原 2020］。

　同様の指摘は，インターネット上のポピュリズムやポスト真実と民主主義の問題との関連でも報告されている［長谷川 2019］。また，長崎［2008］は，市民的公共圏という1世紀前から存在する近代社会への評価枠組みにとらわれるのではなく，現代における新たなオンライン社会の状況なども踏まえた

議論の必要性を唱えている。たとえば，複数の小公共圏の並存とそれらの間のコミュニケーションの重要性を唱えても，オンラインのソーシャルメディアを見れば，実際には，深刻な衝突が繰り返されている。そもそも，コミュニケーションはどうあるべきかという問いについて検討する必要があると論じている。

さらに，田中［2016］は，SNSにおける科学技術社会論の意義に関する議論を取り上げた論考で，SNSが基本的に感情に基づいて動くものであり，感情的公共圏として対応を検討する必要があることを指摘している。SNSによる議論空間のあるべき姿を批判的に検討する観点から，これまでの公共圏の前提は成立しないことを踏まえ，「合理性に固執すべきではない」，「感情にこそ注目すべき」，「場の特性に警戒を怠るな」という三つの提言を示している。

新しい，これまでとは異なる社会状況とテクノロジーが作り出した環境における「公共圏」の分析には，感情に関する要因を考慮することが不可欠である。そのようなオンライン環境での議論のあり方を検討することは，喫緊の課題であるとともに，長期的に検討を継続していくことが求められる課題と考えられる。

(2) 公共圏を支える感情

公共圏を創設するということは，さまざまな立場の人間が参加することを前提としており，利害が対立している相手と話すことも必然的に起こり得る。そのような相手との議論を実現可能にするためには，やはり，さまざまな感情について考えなければならない。まず，理性的な議論が行なわれるためには，自分自身が正当な参加者として認められていること，敬意を払われていると認識できること，同時に，相手に対しても敬意を示すことが不可欠の条件になるであろう。また，加害者と被害者のような対立関係が生じている場合には，罪悪感や受容のような感情を伴う行為，すなわち謝罪と許しが重要な役割を果たす。赦しの要因を検討した175本の心理学研究のメタ分析［Fehr, Gelfand and Nag 2010＝2011］によると，赦しと正の相関が最も高いのは，相手への共感（$r=.53$）であり，次が謝罪（$r=.39$）である。謝罪については，

当然のことではあるが，口先のそれではなく，自らの犠牲を伴う謝罪が有効であると指摘されている［大坪 2021］（単純な例では，物品を携えてのお詫びなど）。なお，参考までに，赦しと負の相関が最も高いのは，相手の意図（悪意）（r＝−.49）と本人の怒りの強さ（r＝−.46）であった。

(3) スミスの自己抑制モデル

ここで，赦しにも強く関わり，公共圏への参加を支える共感に注目してみよう。島内［2009］は，古典的感情理論の一つであるスミスの道徳感情論［スミス 2013］を取り上げ，共感に焦点を当てた自己抑制の社交モデルを引用しつつ，共同性について論考を行なっている（本稿では，情念という用語を感情に置き換えた）。

このモデルでは，共感は感情を引き起こす状況を見ることから生じる。観察者と行為者が，状況にふさわしい程度としての「適宜点」まで感情を調整することにより，共感が成立する。行為者による感情の抑制を「自己抑制」とよび，すべての徳の根底に自己抑制の作用があるとされる。

さらに，人はさまざまな他者との社交を通じて，その都度の状況における自己抑制の必要性を学ぶ。この意味では，社交は自己抑制を身につけるための条件だが，同時に自己抑制が社交への参加の条件でもある。「装うこと」，つまり，当事者がお互いに憎み合っていても，憎しみが存在しない「かのように装う」ことで自らの感情を表面化させなければ，社交が成立する。適宜性として言い換えると，当事者が個別的状況で感じたままの感情を表現せず，相手が共感できる程度，すなわち適宜点まで感情を抑制することで，社交が成立する。さらに円滑な社交のためには，自己抑制があからさまであっては不適切で，抑制された感情がその状況における自然な感情である「かのように装う」必要がある。スミスの適宜性概念と自己抑制論は，社交の「かのように性」の説明装置であり，感情の適切な程度を指示する適宜性という規範は社交の中で自生的に成立し機能するとされている［島内 2009］。

スミスの論じる自己抑制は，現在の心理学では，感情調整・制御［Gross 1998, 2015］などと呼ばれるが，社交という対人コミュニケーション場面を前提として議論している点が重要である。ここで，スミスの論じる社交を公共

圏への参加と読み替えると，公共圏において討論に参加するためには，相互に，一定のレベルで共感的に振る舞えることが条件になる。困難を抱えて嘆き悲しむ人々や，被害を受けて怒りに駆られている人々が公共圏における討論に参加するためには，その感情をある程度抑制する必要がある。他の参加者が共感できる適宜点，もしくは他者が共有可能な度合いまで感情を調整できれば，社交として討論を開始できることになる。

　実際には，討論のために強い感情状態にある人に調整や制御を求めることは困難と思われる。むしろ，討論が可能な参加者の状況を分析すると，このような感情の調整が行なわれ，共感的な状態が生じていると考えることが妥当であろう。しかし，いずれにしても，利害が異なり，意見が対立している他者との討議を想定すれば，公共圏における討議に際して，共感や感情について考慮し，理解を深めることは，不可欠であろう。

　本節では，公共圏の創設と感情の関係を，阻害と促進の観点から考察した。次節では，具体的な公共圏創設の取り組みの例を検討し，新たな公共圏について考えてみたい。

4　多文化公共圏センターの取り組みと新たな公共圏創設の要件

　この節では，公共圏を創設することによって，多文化共生に関わる課題を含め，さまざまなグローバル課題に取り組むことを目指した多文化公共圏センター（以下，センター）の今日までの取り組みを分析し，前節までの議論を踏まえて，その意義や課題について考察する。

(1) センターの設置と目的，事業

　2007年に，宇都宮大学国際学部に研究科博士課程が開設されたことに伴い，翌2008年度に，センターが開設された（2011年度に，宇都宮大学の組織改編に伴い，国際学部附属多文化公共圏センターと改称）。同年度末には，センター年報創刊号が発行されており，その135頁に，センター設置の目的と公共圏の形成についての説明がある。そこには，「栃木県内外の自治体・国際交流協会・教育委員会・市民団体等（NGO/NPOを含む協賛団体）や海外

の交流協定締結大学とネットワークを形成し，情報を交換し合いグローバル化に関わる実践的諸課題を解決する」という目的が示され，公共圏の形成として，「(前略)「多文化公共圏」は議論・合意形成の場であり，それは世界中どこにでも存在する空間です。「センター」は「多文化公共圏」の創造を応援します」とある。さらに，センター規程の第2条には，目的として，「学内外・国内外の団体との連携を図り，多文化公共圏に関する理論的実証的研究および教育・指導助言を行なうことを目的とする」と示されている。

　センター開設時より，国際交流，国際協力，グローバル化する世界の諸問題といったテーマとともに，その活動の核の一つとして，多文化共生をテーマにした活動が行なわれてきた。ここでは，とくに，具体的な多文化共生の課題に関わるプロジェクトとして長期間にわたって活動が継続されてきた「HANDS事業」と，「福島原発震災に関する研究フォーラム」に注目し，それぞれの活動を公共圏創設の観点から分析する。いずれも，意識して目を向け，耳を傾けなければ，気がつくことも，聞き取ることもできないかもしれない，脆弱な立場にある人たちや支援の手を差しのべる人たちの存在を浮き彫りにし，社会にその声を届けるとともに，課題への対応を促す活動と言えるだろう。

(2) HANDS事業の概要とその評価

　グローバル化の進展により，日本の製造業が外国人労働者によって支えられるようになり，家族に連れられて来日した子どもたちが，地域の学校で学ぶようになった。このような日本語を理解できない外国人児童生徒の教育支援という地域課題に取り組む研究プロジェクトとして，2004年に出発した取り組みが，その後のHANDS事業である（HANDS 10年史を参照 https://cmps.utsunomiya-u.ac.jp/hands/#publications）。2010年度からは，センターに関わるプロジェクトとなり，現在まで活動が継続されている。具体的には，①外国人児童生徒教育推進協議会による学校管理者と自治体への支援，②教育現場における外国人児童生徒と教員・学校への支援，人材育成とともに，③出版物による情報発信，共有である。活動内容と成果の一部は，センターのウェブサイトに公開されている。ここでは，その前身の活動も含めてHANDS事業

として分析する。

　このプロジェクトの特徴の一つは，栃木県内の外国人児童生徒とその教育にあたる学校現場の困難という地域課題に対して，広範な調査を実施して，継続的に現状を把握しようとしている点にある。とくに，活動開始時には，学校現場を対象にした拠点校調査，自治体を対象にした行政調査，外国人児童生徒の保護者調査により現場の実態を把握するとともに，県内全域の状況を把握するための在籍校調査を行なっている。在籍校調査を実施するにあたっては，県内28市町の教育委員会をすべて訪問したこと，調査には950名の教員から回答が寄せられたことが報告されている。

　情報発信と情報交換のための活動については，2007年度に，ニュースレター『ハンズ　とちぎ多文化共生教育通信』（2010年度から『HANDS next』と改称）を発行し，ブックレット『栃木県における外国人児童生徒教育の明日を考える』（2008年3月）を刊行している。また，「栃木県における外国人生徒の進路状況」調査は，今日まで毎年継続されており，宇都宮大学国際学部研究論集において公表されている。さらに，2021年度末までプロジェクト代表者であった田巻を中心に執筆された書籍などが継続的に発行されており（『ある外国人の日本での20年──外国人児童生徒から「不法滞在者」へ』2019年など），プロジェクトの活動状況やその成果が社会に発信されている。

　プロジェクトでは，また，教育委員会（行政）にも働きかけ，対応のための組織づくりを進め，2009年から，HANDS関係者と栃木県教育委員会・県内11市町教育委員会とその小中学校代表校長で構成される，外国人児童生徒教育推進協議会（当初は懇談会，その後，2010-2012年度は「外国人児童生徒・グローバル教育推進協議会」）を組織している。この協議会は，全県的な観点から本事業のあり方を検討するとともに，各地域の現状や課題について情報・意見交換を行なう場とされ，その活動の成果として，2020年3月に，「高校入試の学力検査問題にひらがなのルビを振ることへの要望書」を栃木県教育委員会へ提出し結果，一部の入試ではあるが，ルビ振りが採用された。

　これらの活動とその成果を，改めて，公共圏の創設という観点で見ると，まず，調査等により，当事者である外国人生徒の保護者や学校現場，自治体

担当者の声を聴く活動，その声を共有するためのさまざまな情報発信，さらに，現場の状況を踏まえ，行政への提言を行ない，対応を引き出すという成果をあげている。これらの点は，いずれも公共圏の創出に関連し，それを実現しようとする活動が，実際に困難に直面している人たち，すなわち，日本社会におけるマイノリティとして，排除の対象となりやすい外国籍の人々を支援することに結びついており，センター設置と公共圏創出によるグローバル課題への対応が実現されている例と言えるだろう。

(3) 福島原発震災に関する研究フォーラムの概要とその評価

　センターのホームページと多文化公共圏センター年報（以下，年報）によると，このフォーラムは，2011年の東京電力福島第一原発事故発生を受けて，国際学部教員を中心に展開されてきた福島乳幼児妊産婦支援プロジェクトを引き継ぎ，2015年度に立ち上げられた事業である。目的として，①福島原発震災が社会にどのような影響を及ぼしたかを構造的な視座から捉え記録し，社会に広く公表・発信していくことと，②原発震災による被災者の困難は長期化していることをふまえ，現実の政策課題の提言につながる研究，を掲げている。また，具体的な活動は，ⓐ栃木県内の被災者・市民社会研究，ⓑ新潟県内の被災者・広域避難支援研究，ⓒ原発震災に関する教育・社会的発信とされている。

　前身の福島乳幼児妊産婦支援プロジェクトは，被災者への直接的支援を含む緊急対応的な側面があったが，このフォーラムは，事故・被害の性質上，多様な分野を専門とする研究者が協力して，長期的な観点で実施していることが特徴として挙げられる。被災者に焦点を当て，丁寧な聞取り調査やアンケート調査を重ね，証言集として記録したり，論文，出版物として公表している。年度ごとの活動の記録は，年報に詳しく報告されている。

　前身のプロジェクトを含めると2011年から今日まで，毎年，シンポジウムやセミナー，研究会を公開で開催して，さまざまな調査の結果を共有，分析する機会としている。また，研究者や専門家が，原発と事故，被災者と行政や司法との関わり，健康被害などについて，それぞれの分野から解説し，問題点を指摘する場としても，さらに，被災者やその支援にあたっている市

民の声を直接聞き，共有する場としても設定されている。加えて，研究成果を論文として公表し，学会発表を行なうとともに，講演を実施することで，活動内容やその成果を記録するとともに，社会に発信している。さらに，フォーラム代表者は，被災者支援のために，行政や司法への助言や専門知識の提供を行ない，国連機関による調査への協力も行なっている。

　このフォーラムについても，公共圏の創設と密接に結びついている。フォーラム代表は，原発事故が福島に固有の局地的な危機ではなく，過去の国内外の環境災害にもみられたように，犠牲を一部の社会集団に押しつける構造的問題であるという認識から，原発震災の記録を残すことが，地域社会，日本社会，そして国際社会への社会貢献であり，また後世への「社会的責任」でもあると考えるようになったと述べている。事故やその被害の問題が，すでに解決したかのような政府の対応や国内の状況の中で，社会に届きにくい被災者の声を丁寧な聴き取り調査やアンケートによって掘り起こして記録し，公表する作業は，中間組織としての一つの公共圏の創設であり，その声を行政や司法に届ける役割を果たしている。言い換えると，より大きな公共圏において議論の対象となるように，不可視化されている問題を可視化する機能を果たしている。

(4) 多文化共生の課題に対応する新たな公共圏について

　1，2で公共圏に関わる多くの課題を提示した。この概念については，20世紀半ば過ぎに発表されて以来，批判的な検討が繰り返されてきたが，たとえば，感情が公共圏やその創設において果たす役割は，これまで見過ごされてきたテーマである。本稿を終えるにあたり，公共圏を創設するということについて，高等教育研究機関が社会との共創を念頭に果たすべき役割の観点でまとめてみたい。

　現在の日本における多文化共生の課題への対応のために創設されるべき公共圏は，①自発的，自律的な活動であり，②参加者の感情を考慮し，③対面，オンライン，出版物などを総合した，参加方式を拡張した言論空間と言えるだろう。まず，自発的，自律的な活動は，トクヴィルの指摘した自由な結社にも関わる。関係者が課題に対応するために，自発的に仲間を集め，協力し

て活動を行なうことが，活発な中間組織としての活動の基礎になると考えられる。

　また，参加者の感情を考慮することは，とくに，脆弱な立場の当事者の参加を考えるときに重要になる。感情への配慮や調整は，討議の空間における直接的な対応が必要な場合も含まれるが，時間をかけた聞き取りやアンケート調査，その結果のフィードバックを繰り返すことによっても，相互の信頼を高め，共感的な状態を産み出すことに結びつくだろう。さらに，次に指摘するさまざまな形での情報共有も，感情への配慮につながると考えられる。

　参加方式を拡張した公共圏とは，具体的には，シンポジウムや研究会などのリアルタイムの対面での討議の場，オンラインでの情報発信と共有，出版物などによる情報発信を総合した，発言と意見交換の環境を創設することである。一度にこれらを総合することは難しいため，ある程度の時間幅を前提にした討議の場になるが，文字通り，望む人はだれでも参加可能であり，理性的で合理的な討論を可能にするための工夫である。つまり，感情に駆られている人も，時間をおいて意見を表明する場があり，母語での参加が難しい場合も，翻訳を通して意見を表明し，情報共有が可能になる。

　本節で取り上げた HANDS 事業と福島原発震災に関する研究フォーラムの両者では，これらの三つの条件がある程度高いレベルで満たされていたと考えられる。いずれの取り組みも，自発性，自律性は高く，脆弱な立場にある人たちへの共感が根底にある。そのような立場にある人たちの声をくみ取り，記録し，公開の研究会やシンポジウム，オンライン，出版物など，さまざまな形で共有し，社会に伝えることが，成果に結びついていると考えられる。また，センターはこのような活動を支える拠点として，年報を発行し，教育研究や地域貢献プロジェクトに関わる自由討議の場としての多文化公共圏フォーラムを新たに開催し，ウェブサイトを活用して関連情報を発信している。

　一方で，現時点では，その活動成果が，当事者，関係者の枠の外にも十分に広がっているとは言えず，より多くの一般市民に共有される状況を作り出す必要があることを指摘できるだろう。成果の効果的発信と社会的共有のレベルを高めていくための工夫が今後の重要な課題である。さらに，高等教育

研究機関には，教育研究の取り組みとして高いレベルを保ちながら，このような条件を踏まえた公共圏を創設しつつ活動するプロジェクトを実施することにより，さまざまな中間組織の結びつきを支え，社会をリードする役割が求められていると言えよう。

最後に，今後の展望として，新しい公共圏の要素の一つとして挙げた他者の感情への配慮と公共圏における倫理的課題について考察しておく。他者の感情への配慮は，個々人の尊厳と自己決定権を尊重しながら，共感と思いやりに基づく対人関係の構築を倫理的生活の核とするケアの倫理に結びついている。妻鹿ら［2020］は，共生社会構築のためのケアの倫理を考察し，異なる思考・価値観を持つ者たちとの間に共通の十分に秩序づけられた社会を構築しようという意味でのリベラルな共生社会という考え方に対して，ケア論の立場では，価値判断の以前に，事実としての異なりを人間関係の問題として受け止め，互いへの配慮を通して関係を繕いながら共生社会を実現しようとすると論じている。この議論は，自律的で理性的な市民の自由な討論によって成立するとされる伝統的な公共圏に対して，脆弱な立場にある人々への配慮を前提とした新しい公共圏の考え方にも通じている。

さらに，岡野［2024］は，フェミニズムの理論としてのケアの倫理を振り返り，あるべき社会の姿として，脆弱性を第一に考える社会を提案している。前提として，人間は脆弱で傷つけられやすい存在だという認識がある。すなわち，人間は自然からの脅威だけでなく，他者からの危害や放置・無視によっても傷つけられる可能性があるため，他者へのある程度の依存が不可避である。しかし，実際の危害に至らないために知恵を働かすことで，人間の被傷性は緩和できる。ケアの倫理は，異なりを抱えた存在者たちには不平等な関係性が避けられないことから，個々の人間の被傷性の程度には大きな違いがあるという事実に対応するために人間社会は存在しているし，存在すべきだと考える，としている［岡野 2024：247］。このようにケアの倫理は，倫理判断において，人間同士の相互依存的な関係性を重視し，普遍的正義よりも文脈を考慮し，感情や責任を重視する考え方であり，新たな公共圏を考えるための重要な視点を提供している。

本稿で議論してきた公共圏における感情の役割の重要性は，他者の感情へ

の注意や配慮が，単なる思いやりや同情の推奨を意味しているのではなく，ケアの倫理にも通じる社会関係における倫理として捉える必要があることを示している。公共圏という考え方をより豊かなものにするため，そこに参加する人たちの感情にどのように配慮し，合意形成のプロセスに反映させていくかを検討するとともに，その方策を活動の成果に結びつけていくことが，今後センターが取り組むべき主要課題の一つと考えられる。

(1) 宇都宮大学国際学部附属多文化公共圏センター。詳細は **3** を参照。
(2) 笹原［2020］によると，フィルターバブルとは，ユーザの個人情報を学習したアルゴリズムによって，その人にとって興味関心がありそうな情報ばかりがやってくるような環境のことである。これはインターネット活動家のイーライ・パリサーが提唱した概念で，情報を濾過する膜の中にユーザが閉じ込められ，みんなが孤立していくイメージの比喩に基づく。

■引用・参考文献

アーレント，ハンナ（1994）『人間の条件』〈ちくま学芸文庫〉志水速雄訳，筑摩書房。

ウォール＝ヨルゲンセン，カリン（2020）『メディアと感情の政治学』三谷文栄・山腰修三訳，勁草書房。

大坪庸介（2021）『仲直りの理　進化心理学から見た機能とメカニズム』ちとせプレス。

岡野八代（2024）『ケアの倫理――フェミニズムの政治思想』岩波書店。

妻鹿ふみ子・伊丹謙太郎・竹端寛・廣田智子・大井智香子（2020）「共生社会構築に寄与するケア倫理とは――ケア倫理の社会実装のための問い直し」『人文交響楽研究論集』40号，75-92頁。

崔昌幸（2020）「多元的な公共圏の可能性――ハーバマスによる公共圏概念に対する批判的検討」『社会システム研究』23号，139-155頁。

笹原和俊（2020）『ウェブの功罪　情報の科学と技術』70巻6号，309-314頁。

島内明文（2009）「スミスの道徳感情説における共同性の問題」『倫理学研究』39巻，3-13頁。

スミス，アダム（2013）『道徳感情論』〈講談社学術文庫〉高哲男訳，講談社。

田巻松雄（2019）『ある外国人の日本での20年――外国人児童生徒から「不法滞在者」へ』〈国際学叢書第10巻〉下野新聞社。

田中幹人（2016）「STSと感情的公共圏としてのSNS　私たちは「社会正義の戦士」

なのか?」『科学技術社会論研究』12 号，190‐200 頁。

辻智佐子・辻俊一・渡辺昇一（2011）「インターネット・コミュニケーションにおける公共性研究に関する一考察」『城西大学経営紀要』7 号，33‐50 頁

─── (2021)「情報化社会における中間組織と公共性，そして制度に関する覚書：2020 年コロナ禍に直面した社会を考える」『城西大学経営紀要』17 号，87‐123 頁。

トクヴィル（2008）『アメリカのデモクラシー　第二巻上』松本礼二訳，岩波文庫。

中村真（2023）「排斥の実態とその背景にある心理プロセス」佐々木一隆・田巻松雄編『外国人生徒の学びの場──多様な学び場に注目して』下野新聞社，148‐167 頁。

長崎励朗（2008）「現代日本と幻影の公共圏」『京都大学生涯教育学・図書館情報学研究』Vol. 7，27‐42 頁。

倪永茂（2015）「インターネットと公共圏」『多文化公共圏センター年報』8 号，5‐8 頁。

西尾宇広（2020）「特集「文芸公共圏」への導入」『ドイツ文学』160 巻，1‐10 頁。

長谷川公一（2019）「公共圏への回路と新たな秩序問題──特集「「ポスト真実」と民主主義のゆくえ」が問いかけるもの」『社会学研究』103 号，7‐20 頁。

ハーバーマス，ユルゲン（1973＝1994）『公共性の構造転換──市民社会の一カテゴリーについての探究　第 2 版』細谷貞雄・山田正行訳，未来社。

本多幸子（2012）「公共圏論の歴史的展開に関する一考察──ハーバーマスの Offentlichkeit 概念と市民的公共圏の歴史的位相」『同志社政策科学研究』13 巻 2 号，79‐90 頁。

渡邊直樹（2015）「公共性の成立と言語──18 世紀ドイツの〈言語協会〉」『多文化公共圏センター年報』8 号，62‐69 頁。

Fehr, R., M. J. Gelfand and M. Nag (2010/2011) "The road to forgiveness: a meta-analytic synthesis of its situational and dispositional correlates," *Psychological Bulletin*, 136(5), 894-914. doi: 10.1037/a0019993. Erratum in: Psycholgical Bulletin. 2011 137(2), 366, iii. PMID: 20804242.

Gross, J. J. (1998) Antecedent- and response-focused emotion regulation: Divergent consequences for experience, expression, and physiology. *Journal of Personality and Social Psychology*, Vol 74, pp. 224-237.

─── (2015) Emotion regulation: Current status and future prospects. *Psychological Inquiry*, Vol. 26, pp. 1-26.

第6章

生きられる「多文化共生」
――多義的で多面的な「多文化共生」を実態として捉えるために――

申　惠媛

1　はじめに
――実態として捉える「多文化共生」再考の試み――

　1980年代後半，いわゆるニューカマー外国人(1)が日本社会で急速に増加して以来,「多文化共生」という語をスローガンとしても，日常生活の場面においてもよく耳にするようになった。その一方で，この語は定義の曖昧さが批判され，他の概念と対比されてもきた。1993年に「多文化共生」の語が初めて主要新聞社の紙面に登場［竹沢 2009］してからすでに30年ほど経つが，この語は依然として曖昧かつ多義的な語であり続けている。

　そのような中,「多文化共生」の再考も様々な形で試みられてきた［梶田ほか 2005；樋口 2010；渡戸 2019など］。これらは主に規範・政策としての「多文化共生」をめぐるものであったが,「多文化共生」の語は実態を記述する側面をもつことも特徴として挙げられる。そのため，存在論・規範論・政策論のいずれの立場で「共生」を論じるかを明確にする必要があることも指摘されている［小内 2007］。ここで存在論的立場とは「共生の形態と機能，いいかえれば共存の形式と機能」に焦点を当てるものであり,「多文化共生を例に取ると，異なる文化をもつ民族の共存の形式と機能を検討すること」［小内 2007：5］と定義され，共生をあるべき規範や理想を示す概念として用いる規

範論的立場や，現実的かつ望ましい共存のあり方を探る政策論的立場［小内 2007：7-9］と区分される。

　そこで本稿では，異なるエスニック集団間(2)に形成される共存関係の実態としての「多文化共生」に焦点を当て，この語がもつ課題と可能性を掘り下げる形での再考を試みる。実態として見出される「多文化共生」は多くの場合(3)，何らかの具体的な場面における関係として描き出されてきた。中でも「地域」は政策として「多文化共生」を推進する立場においても，関係形成の実態に注目してきた諸先行研究においても重要な位置を占めてきたフィールドといえる。これを踏まえ，本稿では「地域における多文化共生」を検討の対象として取り上げ，ある地域において異なるエスニック集団間で形成される共存関係の実態を「地域における多文化共生」として記述することの課題と可能性を探る。

2　「地域における多文化共生」の前提を問い直す

(1)「地域における多文化共生」に込められた期待

　先に触れたように，政策の推進と実態の探求の双方において，「地域における多文化共生」は日本の「多文化共生」の重要な位置を占めてきた。まず前者についていえば，日本の多文化共生政策は地域を重要な単位として進められてきた。たとえば，ニューカマー外国人の増加を受け，対応を迫られた各自治体では「多文化共生」をキーワードとする施策の指針や計画が策定されてきた。2006年には国レベルでも，「多文化共生の推進に関する研究会報告書」において「地域における多文化共生」が「国籍や民族などの異なる人々が，互いの文化的ちがいを認め合い，対等な関係を築こうとしながら，地域社会の構成員として共に生きていくこと」と定義され，「多文化共生を推進していくためには，日本人住民も外国人住民も共に地域社会を支える主体であるという認識をもつことが大切である」と述べられる［総務省 2006：5］など，地域という単位の重要性がうかがえる。

　その上で，地方自治体が地域における多文化共生を推進する上で必要な取り組みとしては「コミュニケーション支援」「生活支援」「多文化共生の地域

づくり」の 3 点が挙げられた［総務省 2006］。前二者は移民の日本社会への適応支援と見ることができ，「統合」の視点に通じるものといえる。一方，「多文化共生の地域づくり」の具体的な取り組みとしては「地域社会に対する意識啓発」と「外国人住民の自立と社会参画」が柱として挙げられており［総務省 2006：34‐37］，「多文化共生」の推進を通じた（エスニック・マジョリティを含む）「地域社会」の変化・発展が企図されていることがわかる。このような傾向は 2020 年に改訂された「地域における多文化共生推進プラン」においても引き続き見受けられる。

　一方，日本の社会学においても，都市エスニシティ研究と呼ばれる研究群において，特定の地域における異なるエスニック集団間の共存関係がしばしば「共生」として見出されてきた。特に外国籍人口の集中が見られた大都市インナーシティ（大都市周縁のエリア）や日系人集住地域等をフィールドに取り組まれた諸研究［奥田・田嶋編著 1993；都築 1998；小内・酒井編著 2001；広田 2003：谷 2015 など］は，これらの外国人集住地域を「異質な」者が出会う場所として捉え，そこで生じる葛藤・摩擦やその乗り越えといった関係に関心を寄せてきた。このような異質・多様な者どうしの「共生」関係の形成は，都市的コミュニティ［奥田・田嶋編著 1993］の可能性としても捉えられる。

　以上のように，政策という面でも，関係形成の実態を探るという面でも，「地域における多文化共生」として目指される理想像ないし見出される現実には，移民の日本社会への適応支援や「統合」には必ずしも含意されない，「地域社会」ないし「都市コミュニティ」への関心や期待が込められてきたといえる。

　しかし，ここで前提となっているような「地域社会」，特に主として居住空間の共有に起因する共同的な近隣関係は，都市化の進展とともに解体されると想定されてきた。移民に限らず日本社会のとりわけ都市部に暮らす多くの人にとって地域を基盤とする共同関係の解体可能性が指摘される状況では，既存の「地域社会」への「流入」やそこでの「受容」が論じられてきた移民（エスニック・マイノリティ）についても，地域を基盤とする共同関係への参加を前提視することはできないだろう。このとき，「地域における多文化共生」として見出される共存関係の今日的状況を捉えるために，どのような

視座が求められるだろうか。

(2) 非均質的な「社会」の現われ方からの示唆

このことを考える上で，都市空間のリアリティが場合により異なって経験されることを明らかにした西野淑美の研究は重要な示唆を与えてくれる。西野はこれについて，地域コミュニティ，都市生活，地域移動といった事例の検討から，空間が拘束として作用する場合に都市の空間が覆い隠していた社会性が可視化され，「社会」の存在が感覚されやすくなる［西野 2018：59 - 60］というメカニズムを見出した。

たとえば，震災によってそれまではあまり意識されていなかった「地域」の括りが共同性の意味を帯びて前景化するとき，加齢等により買い物やヘルパーサービスの利用など都市的生活様式を享受することが困難になるとき，地元と連続的なものに思えた大都市への移動の先でライフステージの変化等により「壁」を感じるようになるときに，「都市の建造環境や制度が省略可能にしていた他者との様々な調整が」求められるようになる［西野 2018：60］。このような状況を，西野は「「社会」が現れる」経験として捉える［西野 2018：60 - 61］。

これを援用すれば，都市空間のリアリティが非均質的に経験されるように，「地域における多文化共生」において前提とされる「地域社会」もまた，すべての人にとって強い紐帯として意識されたり，逆に完全に解体されたものとしてみなされたりするのではなく，人（状況）によって異なって経験されると考えることができる。それは移民である／ないという違いによっても，移民の中でも国籍・エスニシティ，在留資格，移住者の出国の状態や出身階層，または受入社会の文脈［Portes and Böröcz 1989］等の違いによっても，さらには何らかの出来事やライフステージの変化等により同じ人が置かれたそのときどきの状況次第でも異なりうる。

つまり，移民を含め，ある特定の（状況に置かれた）人々にとって多様なエスニシティからなる「地域」という共同生活の括り——必ずしも居住空間の共有に限定されない——がリアリティを伴って意識されるのであり，そのときに「地域における多文化共生」として見出されるような共存関係の形成

への関与が考慮されるのではないだろうか。言い換えれば、「地域における多文化共生」に関与する契機や必要性もまた、各人の置かれた状況によって非均質的に現われると想定することができる。

(3) 誰による、誰にとっての「多文化共生」か

髙谷幸による「誰による、誰にとっての多文化共生か」という問いの提起は、以上のような前提のもとで「地域における多文化共生」を考えるための一つの方向性を示してくれる。髙谷は、これまでの「多文化共生とは何か」というあるべき理念に基づいた多文化共生批判に対するメタレベルの問いとして、「誰にとっての多文化共生か」と「誰による（いかに決定される）多文化共生か」という二つの問いを提起した［髙谷 2021］。

髙谷の議論を参照すれば、「誰にとっての多文化共生か」を問うことで、既存の多文化共生政策において対象主体として想定されてきた「住民」や「生活者」からこぼれ落ちる者の存在を浮き彫りにし、一枚岩に考えられてきた「地域」の利害と移民の利害が異なりうる可能性——たとえば、転職可能な就労資格の新設がどのように捉えられるのか（労働者の権利保障か、都市部への人口集中に対する懸念か）——を見出すことが可能になる。それによってさらに、「誰の利害が優先されるべきか」［髙谷 2021：79］という論点が浮かび上がる。このことは、利害や価値観の対立を調停する際に誰によって議論がなされるのか（＝「誰による多文化共生か」）という問いにつながり、移民が地域民主主義への参加から排除されている状況に目を向けることを可能にする［髙谷 2021：89］。

ここでの髙谷の議論は主に政策的側面に関するものであるが、この問いの立て方は「地域における多文化共生」のリアリティを捉える際にも有効であると考えられる。ある地域での異なるエスニック集団間で見られる具体的な関係形成の実践が、誰にとって、どのように意識されたものであり、誰がそれに関与するのかを対象化できるようになるためである。

加えて、この「誰にとっての多文化共生か」という観点を敷衍すれば、関係形成に関わるアクターらにおいてそれがどのような実践として認識されているのかを掘り下げることもできると期待される。これに関連する実証的分

析として，金南咲季の研究を参照してみたい。金南はS市X地区（中規模の被差別部落にあたる地区）をフィールドに，近接する人権運動団体「X支部」，コリア系外国人学校「T校」，宗教施設「イスラム教のモスク」という三つのアクターの接触と変容から，現場レベルでの「多文化共生」言説とその使用の実態を明らかにした［金南 2017］。

　金南の研究において，積極的に交流を深め，「（地域における）多文化共生」の規範的意義を意識し，その言説を戦略的に使用することで行政との関係を築いていったアクターとして取り上げられた三者は，関連する地域課題——被差別部落をめぐる貧困・社会的排除の克服，行政からの財政的・制度的支援といった資源の獲得，スティグマ化されてきた被差別部落の実践のイメージ転換（X支部），S市の多文化共生施策の充実化や拠点の整備に向けた提案への関与（T校）等——に直面していた。ここからは，「地域における多文化共生」として見出されるであろう共存関係が，「（多文化）共生」が内含する規範的性質や政策への親和性をフックに，多様な目的の遂行を目指すアクターによって戦略的に構築される側面をもつことがうかがえる。

　本節の検討を踏まえると，ある地域において異なるエスニック集団間で形成される共存関係の実態を「地域における多文化共生」として記述することの課題と可能性が次のように浮かび上がる。まず課題として，地域を基盤とする共同関係の解体可能性が指摘される今日では，「地域における多文化共生」という語を用いる際に期待されてきた「地域社会」ないし「都市コミュニティ」の問い直しが求められる。そこで，①多様なエスニシティからなる「地域」という共同生活の括りが非均質的に意識されうることを前提とし，②実際に「地域における多文化共生」として見出される共存関係の形成が誰による，誰にとっての実践かを明確にしながら，さらに③「多文化共生」に内包される規範的性質や政策への親和性を織り込んで分析を行なうことで，当該関係の実態をより鮮明に捉えることが可能になると期待される。このような形で共存関係の形成実態を対象化できることが，「地域における多文化共生」という視点がもつ可能性といえるだろう。

3　誰による，誰にとっての，どのような関係形成か

(1)　事例の概要

　以下では，ここまでに検討してきた，「地域における多文化共生」として関係形成の実態を記述することの課題と可能性を具体的な事例から確認してみたい。本節で取り上げるのは，東京都新宿区大久保地域の新大久保と呼ばれるエリアを拠点とする企業家間で形成されたエスニシティ横断的な協力関係の事例である。

　新宿区，中でも大久保地域は日本有数の外国人集住地域として知られ，近年でも外国籍人口比率は新宿区内で約13％，大久保地域内で約24％と高い(7)（2024年1月時点，新宿区統計による）。その背景には，この地域がニューカマー外国人にとって，働く（新宿や歌舞伎町への近接性）・学ぶ（日本語学校や専門学校の充実）・住む（安い木造アパートの存在）ための条件が揃った地域であったことが挙げられる［稲葉 2008］。

　新大久保エリアは大久保地域の一角にあり，JR新大久保駅から明治通りに行き当たるまでの大久保通りと，ほぼ並行して走る職安通りに囲まれたエリアを指す。新宿では1990年代頃からエスニック・コミュニティの形成が見られたが，2000年代頃からはこのエリアを中心に韓国系店舗が急増し，2010年前後を一次ピークに全国規模での観光地化が進展した。その後は一時的衰退を経験したものの再活性化し，コロナ禍後も観光客で賑わっている。

　以上のような地域の変化を背景に，2014年には新宿韓国商人連合会という当該地域を拠点とする韓国系企業家団体が結成され，2017年には地元商店会である新大久保商店街振興組合と韓国・ネパール・ベトナム出身のエスニック企業家らが集まって困りごとやまちの発展について議論するインターナショナル事業者交流会が発足した。筆者はこれまでの研究において，これらの団体・会議の活動の分析から，ビジネスを介した協力関係の形成を見出している。度重なるまちの変化を経験しながら，このエリアを拠点とする企業家らはエスニシティの違いを越えて協力するための回路を構築してきた［申 2024］。

ただし，このようなマルチエスニックな企業家間の協力関係は，当該地域を何らかの生活の拠点とする人々が取りうる共存関係の一形態に過ぎない。では，ここで取り上げる協力関係は，どのような特徴をもつ共存関係として位置づけられるだろうか。[8]

(2) 誰による関係形成か——アクターの特性に注目して

　すでに述べたように，本節で取り上げるのは新大久保エリアを拠点とするマルチエスニックな企業家らによって形成される協力関係である。その特徴を捉えるために，まずは関係形成に関与する主要なアクターの性質を確認してみよう。第一に，地域を拠点とする団体を結成して様々な地域活動に取り組むだけでなく，地元商店会を含むマルチエスニックな活動の場にも積極的に参加する韓国系企業家は，ニューカマー韓国人という括りの中で強く「地域社会」にコミットする層として位置づけられる。

　これについて，ニューカマー韓国人のIT技術者と自営業者による日本社会への関わり方の違い［宣 2020］から考えてみたい。宣は日本に移住した韓国人IT技術者の生活様式について，「相互扶助のような助け合いや自分たちの利害を代弁するような組織はなく，個人単位の印象が強い」［宣 2020：140］と指摘する。また，地理的距離や言語・文化の類似性等により韓国人IT技術者にとって日本への就職が韓国の国内就職の延長線としての性質をもつ等の背景から，日本社会への関与は，出身国・社会とのつながりを維持しホスト国・社会への政治・社会参加への指向性の薄い「ディアスポラ型（出身国指向）」か，出身国・社会と強いつながりをもつわけではないが，経済的参加以外のホスト国・社会における政治・社会参加に積極的な興味はない（ただし，ビジネス活動や社会的機会を得るためのエスニック・アソシエーション活動には参加する）「サイレント・マイノリティ型（傍観者指向）」に近いと見る［宣 2020：140；石井 2009：72-73］。つまり，専門職の一般的なイメージ同様，「仕事やビジネス上で必要なもの以外では日本社会とのつながりは薄い」［宣 2020：141］という関係形成のあり方が取られているとする。

　これに対し，韓国系企業家は同様にミドルクラス移民として位置づけられるものの，前述のように韓国人IT技術者とは異なる日本社会への関わり方

第6章　生きられる「多文化共生」　99

を見せる。宣はその背景として，業種の特性上既存の日本人住民や同業者との関係形成が必然的に求められることや，2010年代初頭に激化したヘイトスピーチの経験により「多文化共生」を意識するようになったことを挙げている［宣 2020：143－145］。筆者は加えて，当該地域を拠点とする韓国系企業家らにおける基盤強化，マルチエスニックな企業家間における共通課題の認識等を背景に，積極的な地域活動とより「対等な」形での協力関係の形成が見られるようになったことを指摘した［申 2024］。

　ただし，ここで挙げられたような韓国系企業家らによる関係形成の実践は，「日本社会への関与」であると同時に，「地域社会への関与」として読み解かれる必要がある。新大久保エリアを拠点とする韓国系企業家らにとって，この地域は観光地化の進展に伴い単に「働くところ」以上の意味をもつようになってきた。たとえば，韓国系企業家らは観光客によって認知される観光地エリアの範囲を把握し経営戦略を立て，日韓両社会における当該エリアのイメージ向上を意識していた［申 2024］。つまり，新大久保という場所がもつ象徴性とそこにおける自らの役割を認識していたといえる。ここからは，移民（エスニック・マイノリティ）が必ずしも同様の経路をたどって——たとえば滞日歴の長期化や言語習得など共通の条件を満たせば——「地域」を意識するようになるわけではないことが予想される。

　そこで第二に，エスニック・マジョリティを含め，広く自営業者が「地域社会」と関わりの深いアクターである点についても踏まえておきたい。これについては，東京の郊外住宅地である「ある町」の歴史（1970年代頃まで）を社会学的に分析した玉野和志の研究が参考になる。玉野は，「ある町」の地域構成員の特徴を「古くからこの町に住む地主層，新たに流入した中小零細の自営業者層，そして都心の業務地区に通うホワイトカラーのサラリーマン層という三種類の人々」［玉野 2005：16］として描き出している。ここで自営業者層は，都心に通勤するサラリーマン層とは対比的に，地主層とともにローカル・コミュニティにおいて重要な役割を果たす存在として描かれる［玉野 2005：37］。一方，住民の多数を占めていたのはむしろサラリーマン層であるが，これらの人々は「あまり地域には拘泥しない」［玉野 2005：273］層としての性質をもっていた。[9]

この「ある町」は，記述の時期，地域特性，外国人集住地域といえるかなど様々な面において新大久保エリアと異なるものの，地域を構成するアクターの性質を捉える上で重要な示唆を与えてくれる。同じ地域に暮らしていても，ローカル・コミュニティとしての「地域社会」との関わり方は異なる。これを踏まえれば，自営業者は既存の「地域社会」において中心的な役割を果たしてきた層として位置づけられ，新大久保エリアにおいてはニューカマー韓国系企業家が次第に同種の役割を果たすようになってきたと見ることもできるだろう。それ自体，ある種の理想型としての「多文化共生」の実現ともいえるような出来事であるが，自営業者層と「地域社会」の関係を念頭におき，同型の関係形成の可能性を他のアクターに対して拡張することには慎重になる必要がある。
　以上のように，移民にとって「地域社会の当事者」になることは，必ずしも「日本社会の当事者」になることと同じように経験されない。一方を契機に他方が意識されるなど両者が接続されることも想定されるが，両者を同一視することはできないだろう。本事例の場合，「地域」を意識する特有の動機・経緯をもつ自営業者層が主として関与する共存関係だという点は重要な特徴といえる。このようにアクターごとに異なる「地域への愛着」［五十嵐 2019：161］や職業的特性による「地域社会」への関与の程度に目を向けることで，共存関係が紡がれる具体的な場面ごとの特徴を探ることができる。

(3) 誰にとっての関係形成か――契機や必要性の多様性に注目して

　次に，以上のようなマルチエスニックな企業家間の協力関係が，これを形成する各アクターにとってどのように意識・経験されるのかに注目してこの共存関係の特徴を探ってみたい。実際に話し合いが行なわれ関係形成の場となったインターナショナル事業者交流会において各参加者にとって望ましい「まちのビジョン」が多様であったことは，そのための適例として挙げられるだろう。
　当会議は主に企業家で構成されるため，新大久保エリアは基本的に，居住など共同生活を基盤とするローカル・コミュニティ的「地域社会」として想定されると同時に，観光地的側面を併せ持つと認識されていた。ただし，そ

の捉え方にはグラデーションが存在し，どの側面をより重視するかによって優先的に目指される「まちの活性化」のあり方——観光地的側面の促進（商圏の拡大）または管理（観光地化に伴う問題の解決）など——は異なる。このことは，当該共存関係に関与する契機や必要性——観光地的側面の促進へ向けた（行政との連携も視野に入れた）積極的な協力，同胞向けビジネスからの拡大，観光客によるゴミのポイ捨てや騒音・混雑等の問題とそれに対する近隣住民からの苦情など——が各人において異なることを意味する。その違いは一見エスニック集団ごとに異なるように思われるが，業種の特性によっても異なっていた［申 2024］。

そのため，この地域を拠点とする韓国系企業家らにおいても同じ「まちのビジョン」が目指されるわけではない。新大久保エリアの観光地化を商機と捉え成長してきた韓国系企業家らは基本的に観光地的側面の促進を肯定的に捉えるが，各人が望ましいと考える方向性には違いも見られる。たとえば，インターナショナル事業者交流会においては，「コリアンタウンというイメージが強いのは，良いこともあるが，政治的に良くないことが起きたりするのは悪い部分でもある。今はベトナムやネパールの方が増えて，その強すぎるイメージが柔らかくなったと思う」（韓国系企業家，エスニック・メディア等，2018 年調査）という発言が聞かれた。一方，当会議の参加者ではないが，インタビュー調査においては，新大久保エリアを拠点とする様々なイベントに関わってきた韓国系企業家が，韓国文化のまちとしての知名度を上げていきたいという自らの希望に反して，イベントの内容が度々「共生」に接続されることへの苦い思いを語ることもあった（韓国系企業家，製造業等，2017 年調査）。

以上からは，本節で取り上げるマルチエスニックな企業家間の協力関係が，多様な契機・必要性を入口としながら，「（多文化）共生」に通じるような規範の受容・表出，それがもつ行政的支援への親和性に何らかの価値を見出す場合において可能になっているとも見ることができる。

ただし，こうした多様なビジョン——言い換えれば，共存関係の形成に関与するための契機や必要性の多様性——を緩やかな共通目標として束ねるために，この共存関係は地域という限定なしに目指される「多文化共生」や

「統合」とは異なる性質を示す。本事例でいえば，関係性の商業主義的性質［八木・吉田 2017：金 2020］が挙げられるだろう。「政治」と「経済」の切り離し，あるいは「日本社会」と「地域社会」の区分［申 2024］によって，マルチエスニックな企業家間の地域限定的な協力関係が可能になっている側面が存在するためである。このような特徴をもつ共存関係の形成は，主要な担い手となった自営業者以外の者にとってはどのような意味をもつだろうか。これを考える上でも，誰にとってのどのような共存関係かを問う視角は有効である。

4　むすびに
――「地域における多文化共生」という視点の可能性――

　本稿では，「地域における多文化共生」が各人の置かれた状況によって異なって意識される規範・政策，異なって生きられる社会関係として現われるという前提を置き，具体的に観測される共存関係が誰による，誰にとっての関係形成かを見ていくことで，各アクターにおいて意識される規範的性質や政策的目標を含めながら，実際に形成される共存関係の特徴をより鮮明に記述できることを見てきた。

　新大久保エリアで見られたマルチエスニックな企業家間の協力関係という事例においては，この関係形成への関与にあたり，同一の国籍・エスニック集団内でも，同一空間を生活の拠点とする人々の中でも，とりわけ自営業者に「地域」を意識する特有の動機や経緯があることを確認した。しかし，自営業者内でもその意識が向かう方向性は一枚岩ではなく，共存関係の形成に関与する契機や必要性は各人・状況によって異なる。それでも関係形成が可能になっている背景には，この関係がもつ商業主義的性格の影響が想定される。その意味でも，自営業者らによって形成される共存関係は，地域という限定なしの「多文化共生」や「統合」として留保なしに扱うことの難しい特殊な関係性といえるだろう。

　このような本稿の検討は，今回中心的に取り上げた自営業者以外の地域に関わるアクターを担い手とする（エスニシティ横断的な）共存関係との比較

検討を可能にすると同時に，広く「多文化共生」の推進を考える上で社会関係の単位として「地域」が設定されることの有効性や意義の再検討を促す。

「多文化共生」の語についてはしばしばマジックワード化の危険性が懸念されてきた。そうした状況にあって，規範や政策としてこれを検討する場合にも，本稿のように関係形成の実態として見る場合にも，「多文化共生」の語を漠然としたまま使用するのではなく，論じる立場や視点を明確化する必要がある。それによってこの語がもつ諸側面を"ひっくるめて"ではなく"結びつけて"捉えることができるのではないだろうか。本稿の試みが，その先で「多文化共生」の語がもつ可能性の議論を進めるための一助となることを期待する。

【付記】調査にご協力いただいた皆様へ心より御礼申し上げます。本稿の一部内容はJSPS科研費（22K20181）の助成を受けたものです。

(1) 1980年代後半以降に来日した国際移民を指す。これに対し，「オールドカマー（オールドタイマー）」とは第二次大戦以前に日本に定住した中国人・朝鮮人とその子孫を指す。なお，本稿では，永住意図を定義から除外した「生まれた国から一時的なものも含め，他の国に移り住んだ人」［永吉 2020：4］の意味で（国際）移民の語を用いる。

(2) ここでは「一定の文化的特徴や帰属意識をゆるやかに共有する人々」［樋口 2005：27］という捉え方にならう。したがって，特定の社会におけるエスニック・マジョリティ／マイノリティの両方を含む。

(3) 「共生」を社会のシステムや制度の構成に注目して捉える「システム共生」と，日常生活における共存状態に注目する「生活共生」に区分する考え方もあり［小内 2007］，これにならえば，本稿は後者に注目する立場となる。

(4) ここでは「異なるエスニック集団が，社会文化的領域で集団の境界と独自性を維持しつつ，政治経済的領域での平等を可能にすること」［梶田ほか 2005：298］と捉える。

(5) エスニック集団間関係のみならず，そこで形成されたエスニック・コミュニティの実態も注目されてきた。なお，日本における外国籍人口の急増と特定地域への集住は1980年代後半以降のニューカマー外国人の流入を画期として論じられることが多いが，オールドタイマーを中心とする集住地域の研究も取り組まれてきた［福本 2018］。

（6）　このような立場は「コミュニティ解体論」として位置づけられる。これに対する反論として「コミュニティ存続論」が，コミュニティは近隣に限定されずネットワーク状に広がりうるとする立場として「コミュニティ解放論」も存在する［ウェルマン，レイトン 2012］。
（7）　新宿6・7丁目，歌舞伎町2丁目，百人町1・2・3丁目，大久保1・2・3丁目を計上。
（8）　先述のように「多文化共生」を異なるエスニック集団間に形成される共存関係の実態として捉える場合，企業家間の協力関係は，そうした「共存関係」が取りうる形態のバリエーションの一つとして位置づけられる。
（9）　ただし，その中から町内会体制とはまた別の市民活動が現われ，これを中心に「コミュニティ」として語られる新しい地域社会形成の方向が示されていったことも指摘される［玉野 2005］。
（10）　本節ではIT技術者の例を「日本社会の当事者」になろうとも「地域社会の当事者」としての意識が相対的に生じ難いと予想されるケースとして捉えるが，一方で「地域社会の当事者」であっても在留資格等の理由で「日本社会の当事者」となる道が断たれるケース［樋口 2010］もある。
（11）　本節で取り上げた共存関係の事例では，そもそも企業家というアクターには居住ではなく商業という形でのみ当該地域と関わる者も含まれうるという点で「多文化共生」の主たる担い手として想定されてきた「住民」［髙谷 2021］と完全にイコールではないことも特徴として挙げられ，「地域社会」の構成員の再考を促す事例といえる。この点について，詳しくは申［2024］を参照されたい。

■引用・参考文献
石井由香（2009）「「社交クラブ」を越えて――アジア系専門職移民のエスニック・アソシエーション活動」石井由香・関根政美・塩原良和『アジア系専門職移民の現在――変容するマルチカルチュラル・オーストラリア』慶應義塾大学出版会，71 - 97頁。
五十嵐泰正（2019）『上野新論――変わりゆく街，受け継がれる気質』せりか書房。
稲葉佳子（2008）『オオクボ 都市の力――多文化空間のダイナミズム』学芸出版社。
ウェルマン，バリー＆バリー・レイトン（2012）「ネットワーク，近隣，コミュニティ――コミュニティ問題研究へのアプローチ」野沢慎司訳，森岡清志編『都市社会学セレクション第2巻　都市空間と都市コミュニティ』日本評論社，89 - 126頁。
奥田道大・田嶋淳子編著（1993）『新宿のアジア系外国人』めこん。
小内透（2007）「外国人集住地域の現実と共生の視点」『『調査と社会理論』・研究報

告書』23号，1-13頁。
小内透・酒井恵真編著（2001）『日系ブラジル人の定住化と地域社会――群馬県太田・大泉地区を事例として』御茶の水書房。
梶田孝道・丹野清人・樋口直人（2005）『顔の見えない定住化――日系ブラジル人と国家・市場・移民ネットワーク』名古屋大学出版会。
金南咲季（2017）「「多文化共生」言説をめぐるポリティクス――多文化混交地域におけるマイノリティアクター間の接触と変容に着目して」『日本都市社会学会年報』35号，138-154頁。
金延景（2020）「東京都新宿区大久保地区における韓国系ビジネスの集積と地域活性化――地域資源としてのエスニシティと大都市の「街」の再編」『経済地理学年報』66巻4号，279-298頁。
申惠媛（2024）『エスニック空間の社会学――新大久保の成立・展開に見る地域社会の再編』新曜社。
総務省（2006）「多文化共生の推進に関する研究会報告書～地域における多文化共生の推進に向けて～」
宣元錫（2019）「韓国人ニューカマー――ミドルクラスの移民と定着」駒井洋監修，小林真生編著『変容する移民コミュニティ――時間・空間・階層』明石書店，136-145頁。
髙谷幸（2021）「移民・多様性・民主主義――誰による，誰にとっての多文化共生か」岩渕功一編著『多様性との対話――ダイバーシティ推進が見えなくするもの』青弓社，68-92頁。
竹沢泰子（2009）「序――多文化共生の現状と課題」『文化人類学』74巻1号，86-95頁。
谷富夫（2015）『民族関係の都市社会学――大阪猪飼野のフィールドワーク』ミネルヴァ書房。
玉野和志（2005）『東京のローカル・コミュニティ――ある町の物語一九〇〇-八〇』東京大学出版会。
都築くるみ（1998）「エスニック・コミュニティの形成と「共生」――豊田市H団地の近年の展開から」『日本都市社会学会年報』16号，89-102頁。
永吉希久子（2020）『移民と日本社会』中央公論新社。
西野淑美（2018）「空間の自由／空間の桎梏――都市空間への複数のリアリティ」若林幹夫・立岩真也・佐藤俊樹編『社会が現れるとき』東京大学出版会，31-65頁。
樋口直人（2005）「エスニシティの社会学」梶田孝道編『新・国際社会学』名古屋大学出版会，24-42頁。
樋口直人（2010）「「多文化共生」再考――ポスト共生に向けた試論」『アジア太平洋

研究センター年報 2009‒2010』3‒10 頁。
広田康生（2003）『エスニシティと都市［新版］』有信堂高文社。
福本拓（2018）「日本の都市におけるエスニック・セグリゲーション研究の動向」『都市地理学』13 巻，77‒91 頁。
八木寛之・吉田全宏（2017）「エスニック・タウンで「商店街の価値を高める」ことの意味——大阪・生野コリアタウンにおける商店街活動と「多文化共生のまちづくり」」『日本都市社会学会年報』35 号，121‒137 頁。
Portes, A. and J. Böröcz（1989）"Contemporary Immigration: Theoretical Perspectives on Its Determinants and Modes of Incorporation," *The International Migration Review*, Vol. 2, No. 33, pp. 606–630.
渡戸一郎（2019）「〈多文化共生〉再考——〈多文化主義〉と〈インターカルチュラリズム〉の狭間で」『移民政策研究』11 号，188‒207 頁。

第7章

なぜ日本は世界のジェンダー平等の流れから取り残されてしまったのか
―― 東京医大「女性差別」入試から考える日本の課題――

丁　貴連

1　はじめに

　現在，宇都宮大学においては全学レベルのシステマティックなジェンダー教育は行なわれていない。しかしながら，数年前から一部の教員が独自にジェンダー関連授業を行なっており，とりわけ国際学部では2012年に学部専門科目として「ジェンダー論」（オムニバス形式）を開講し，国際学部のみならず全学に向けたジェンダー教育に取り組んでいる。

　折しも，2015年に国連総会で採択された持続可能な開発目標（SDGs）17の一つに「5. ジェンダー平等を実現しよう」が示されたことによって，学校教育におけるジェンダー教育の重要性と必要性が改めて注目され，各大学ではジェンダー関連授業が相次ぎ開講された。

　しかし残念ながら，この10数年間日本の男女格差は一向に改善されず，世界経済フォーラムが毎年発表する「ジェンダー・ギャップ指数（GGI）」の国際比較では，日本は順位を落とし続け，2023年は前年より9ランク下げ146か国中125位（0.647）と2006年調査開始以来過去最低を更新した。一方，日本と似たようなジェンダー問題を抱えている韓国や中国，台湾など東アジア地域ではジェンダー・ギャップを大きく改善させている。

　中でも，台湾のジェンダー平等の達成度の高さは目を見張るものがある。

台湾行政院性別平等処がまとめたレポート『2023年性別図像』[(1)]によれば，2022年には146か国中36位となり，日本（117位），中国（103位），韓国（100位）を大きく引き離している。台湾ほどではないが，韓国もジェンダー平等を改善してきた国の一つである。2006年には日本より12位も低い92位だったが，各分野のスコアを少しずつ上げて，2023年は総合点が0.680で順位も日本より20位も高い105位に上げている。韓国と台湾がジェンダー平等を進められた背景の一つとして，クォーター制など積極的な制度改革を執り行ないつつ，地道な実践活動を通してジェンダー平等教育を学校現場に根付かせたことが指摘できる。

対する日本では，2000年代にジェンダーフリーに対する保守勢力のバックラッシュ（反動）により，フェミニズムやジェンダー教育が逆風にさらされた。その結果，ジェンダー教育が十分に行なわれておらず，教育面とりわけ，高等教育における女子教育に大きな課題を抱えている。

そこで本稿では，世界のジェンダー平等の流れから取り残されてしまった日本の課題を，2018年に発覚した東京医大の「女子差別」入試問題から検討し，この問題が何に根差していたか，また問題発覚から6年余りが過ぎた現在，どのような解決が図られているのかを明らかにすることによって，ジェンダー平等を阻む日本社会の根深い差別構造を浮き彫りにする。

2　先進国最下位となった日本のジェンダー・ギャップ指数

ジェンダー平等に関する国際的な指標には，国連開発計画が公表する「人間開発指数」（HDI），「ジェンダー開発指数」（GDI），「ジェンダー不平等指数」（GII）と，非営利団体「世界経済フォーラム」（WEF）の「ジェンダー・ギャップ指数」（GGI）がある。このうち「世界経済フォーラム」の「ジェンダー・ギャップ指数」の日本の順位は，UNDPの諸指数に比べて著しく低い。そのせいもあろうが，世界経済フォーラムがジェンダー・ギャップ指数を発表すると，日本をはじめとする世界のメディアはその結果を一斉に報道している。それらの中には詳細な分析と解説記事も少なくないが，報道全体の論調としてはグローバルにみた自国の順位の低さが指摘され，個別の指数の中

身よりもランキングに関心が先行しているような印象を受けるのは筆者だけではないと思う。

　ジェンダー平等はグローバルな共通課題であり，日本にとっても大きな課題である。中澤［2022］が指摘しているように，2006年から量的データに基づいて男女格差を可視化し続けてきた世界経済フォーラムのジェンダー・ギャップ指数は，他国との比較を通して自国のジェンダー平等をめぐる現状を認識し，課題の把握と改善に向けた取り組みを進める上で有効な参考資料になり得る。(2) 本節では，日本の女子教育が直面する課題を論じる前に，なぜ日本は世界のジェンダー平等の流れから後れを取っているのか，その実態と現状を見ていく。

(1)　世界最低水準に近づく日本

　スイスに本部を持つ世界経済フォーラムは，2006年から世界各国の男女格差を計測して国別のランキングを発表している。このランキングは，「経済参加と機会」「教育達成」「健康と寿命」「政治エンパワーメント」の四つの分野からなる指標を総合して算出している。「0」が完全不平等，「1」が完全平等を示し，数値が小さいほどジェンダー・ギャップが大きい。2023年の世界全体の総合スコアは0.684で，前年より0.003ポイント改善されたが，日本のジェンダー・ギャップ指数の総合スコアは平均指数から0.036ダウンした0.647と最下位クラスである。しかも，この指数は調査開始の2006年のスコア（0.645）とほとんど変わらない。

　G7各国と韓国のGGIの推移（2006‐2023年）を比較した図1を見ると，2006年時点で日本とほぼ同じ評価（0.652）を受けたフランスは，2023年には0.756（40位）を得て日本を大きく引き離している。一方，2006年時点では日本より低く評価（0.616）された韓国は2020年を境に日本を追い越し，2023年は日本より高い評価（0.680）を受けるようになったのは前述の通りである。このように，フランスや韓国など諸外国がジェンダー・ギャップ指数の評価を上げているのに対し，日本はランクを上げられず足踏み状態が続いている。

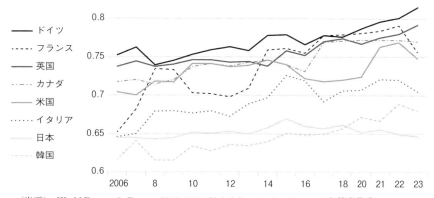

（出所）　World Economic Forum, 2006-2023, Global Gender Gap Report より筆者作成

図1　G7各国と韓国のジェンダー・ギャップ指数の推移（2006‐2023年）

（2）　専門職や指導的立場にいる女性の数が圧倒的に少ない

　なぜ，日本はかくもジェンダー・ギャップを縮められないのか。その要因は，ジェンダー・ギャップ指数を構成する四つの分野のうち「経済参加と機会」と「政治エンパワーメント（政治および選挙過程への女性の参画率）」の2分野の評価が著しく低いからである。分野別の具体的な項目のスコアと順位を表1から見ると，経済分野における「管理的職業従事者女性比率」（0.148／133位）と，政治分野における「国会議員の女性比率」（0.111／131位）「閣僚の女性比率」（0.091／128位）「過去50年間の女性首相在位年数」（0.000／80位）が特に男女格差が深刻である。

　つまり，政界および産業界・財界における専門職や指導的立場にいる女性の比率が極端に少ないのが問題である。中でも，特に足を引っ張っているのは三つの項目がすべて低い評価を受けた政治分野である。

　申箕榮［2022］がいみじくも指摘しているように，政治は諸外国でもいまだに男女差が最も大きい分野であるが，逆に最も大きな改善が見られる分野でもある。韓国は，調査開始2006年には総合点が日本より低く，政治分野のスコアは0.067と日本と同じだった。しかし，クォーター制を導入して女性の政治参加を積極的に進めた結果，2020年から日本を追い抜き，2023年

表1　指標・項目別日本のジェンダー・ギャップ指数（2023年）のスコアと順位（146か国中）

分野	スコア	順位
経済活動への参加と機会	0.561	(123位)
労働参加率の男女比	0.759	(81位)
同一労働における賃金の男女格差	0.621	(75位)
推定勤労所得額の男女比	0.577	(100位)
管理職従事者の男女比	0.148	(133位)
専門技術職の男女比	—	—
教育達成	0.997	(47位)
識字率	1.000	(1位)
初等教育就学率	1.000	(1位)
中等教育就学率	1.000	(1位)
高等教育就学率	0.976	(105位)
健康と寿命	0.973	(59位)
出生児性比	0.944	(1位)
健康寿命の男女比	1.037	(69位)
政治的エンパワーメント	0.057	(138位)
国会議員の女性比率	0.111	(131位)
閣僚の女性比率	0.091	(128位)
過去50年間の女性首相在位年数	0.00	(80位)

（出所）　World Economic Forum, 2023, Global Gender Gap Report 2023:217. より筆者作成

政治分野（0.169／88位）では日本を大きく引き離している。対する日本は図1が示しているように，この17年間，ジェンダー・ギャップ指数はまったくと言ってよいほど変化がなく，政治分野はむしろ後退している。

　だからといって，日本が何もしてこなかったというわけではない。2003年，小泉政権は「202030」として知られる「2020年までに指導的地位における女性の割合を30％にする」という提唱を行ない，女性の社会進出を促した。第2次安倍政権もこの数値目標を再提唱したが，2023年現在，日本の女性リーダーの割合は10‐20％程度の達成しかできておらず，目玉の政策目標だった

「202030」は 2020 年 7 月にひっそり取り下げられたのは周知の事実である。政治の世界でも，2018 年 5 月に男女同権の候補者擁立を政党に求める「候補者男女均等法」が施行されたが，国政女性議員の数は相変わらず 1 割にとどまっている状態なのである。法律や制度ができても政策・方針決定過程への女性の参画が進展していないのはなぜか。「政治は男性のもの」「子育ては女性がするもの」というジェンダーバイアスが社会全般に根強く残っているからである。

(3) 4 年制大学，大学院への進学を目指さない女子学生

問題は，この社会の根深いジェンダーバイアスが，政治分野や経済分野に限らず，教育分野にも及んでいることだ。表 1 が示すように，教育分野を構成する四つの項目のうち「識字率」「初等教育就学率」「中等教育就学率」はいずれも完全平等（1.000／1 位）の評価を得ているが，大学・大学院の進学率を表わす「高等教育就学率」は 1 位だった前年から 105 位（0.976）へと順位を大きく落としている。

とはいえ，0.997 の評価を受けた総合スコアから見る限り，教育分野での日本は男女平等に近づいていると評価できる。がしかし，個別指標の「高等教育就学率」の状況を詳細に見ていくと，男女平等を達成されたと言うには課題が多すぎる。というのも，先進国の中で 4 年制大学進学率に男女差がある国は日本くらいで，特に STEM（Science, Technology, Engineering, Mathematics）系への女子の進学率は先進国の中で最下位とされているなど，高等教育における女子教育に大きな難題を抱えているからである。

畠山勝太［2022］によれば，2008 年以降アメリカをはじめとする大半の先進国では学歴の男女差が広がっており，男子より女子の方が大学進学率の割合が高くなっている。たとえば，韓国では 2005 年から女子の大学進学率が男子を上回るようになり，2010 年以降は男女差が 5 ポイント以上開き始め，2018 年には女子の進学率は 73.8%と，男子の 65.9%を 9 ポイント上回り，過去最大となった。ちなみに，2020 年の女子生徒の進学率は 81%で，男子生徒の 76.4%よりも高い。

一方，日本の大学では逆に女子学生が少なすぎる課題に直面している。4 年制大学に限ると，女子が男子を上回ったことはこれまで 1 度もない。学部

から修士，博士へと教育段階が上がると，一段と女子の進学率が少なくなり，女子学生は男子学生より40％も少ない。その程度の差は図2が示すように，主要先進国の中では最下位である。ジェンダー教育に取り組んでいる現職の高校教師工藤洋子［2022］は，日本の女子学生が4年制大学や大学院への進学を目指さない理由を，次のように指摘している。

> 私が教員になったばかりの頃（二十数年前）は，高校卒業後の進路に関わる保護者面談の際，「この子は女の子なので大学には行かなくて良い」とか「まだ男の子の兄弟が下にいるので，お姉ちゃんは4年制大学には行かせられない」とか「男の子なので，4年制大学に進んでもらいたい」という声をよく聞いた。生徒自身の意思ではなく，生徒の性別で保護者が進路を規制する声が多かったように思う。それは当然，生徒自身の進学意欲にも反映された。（下線は筆者）

氏によれば，日本の女子学生が4年制大学ではなく短大へ進学するという選択を取りがちだったのは，大学進学を目指す上で生徒自身の意思より，親の考えが強く影響しているからである。その親の考えとは，男子ほど女子に大学進学を求めていないことである。

たとえば，ベネッセ教育総合研究所が2018年，小学校の保護者を対象に行なった「子どもの進学に対する期待」では，男子に「4年制大学卒業以上」を期待する割合が78.9％だったのに対し，女子は69.5％だった。こうした男子を優先する親の教育観は，かつては韓国や中国，台湾でもよく見られたが，現在は性別による教育格差は日本ほど顕著に見られなくなっている。

ところが，日本では女の子に生まれると，親や教師のジェンダーバイアスや大学側の選別といった差別により，いまだに進路を阻まれている。東京医科大学をはじめとした複数の大学が女子受験生の得点を一律に減点していたことや，東大の女子学生比率が2022年現在24.2％にとどまり，学部生にいたっては19.7％と2割を切っていることが，それを端的に裏付けている。

このように，他国との比較の観点から日本のジェンダー・ギャップ指数をつぶさに見ていくと，日本社会の構造的な「弱み」が浮かび上がってくる。

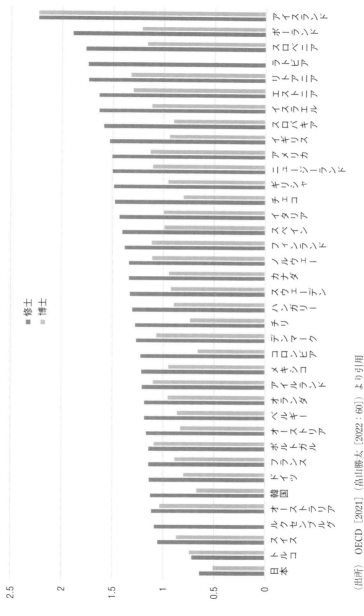

(出所）OECD［2021］（畠山勝太［2022：60］）より引用

図2　大学院在籍者の男女比

第7章　なぜ日本は世界のジェンダー平等の流れから取り残されてしまったのか　　115

その「弱み」とは社会全般に深く根付いているジェンダーバイアスである。そこで次節では，東京医科大学の女子受験者不正入試問題を取り上げ，女子というだけで教育機会が阻害される日本社会の構造的な問題点を解き明かす。

3　東京医科大学の不正入試が炙り出す日本社会の構造的問題

(1)　東京医大「女子差別」の衝撃

　2018年，100年以上の歴史を持つ伝統ある東京医科大学が医学部医学科一般入試で，女子受験生の得点を一律減点して合格者を抑えていたことが発覚し，日本社会に衝撃が走った。以下はそのニュースを最初にスクープした『読売新聞』8月2日付記事である。

> 　東京医科大（東京）が今年2月に行った医学部医学科の一般入試で，女子受験者の得点を一律に減点し，合格者数を抑えていたことが関係者の話でわかった。女子だけに不利な操作は，受験者側に一切の説明がないまま2011年頃から続いていた。<u>大学の一般入試で性別を対象とした恣意的な操作が明らかになるのは極めて異例で，議論を呼びそうだ。</u>（中略）女子受験者の合格者を減らす調整は，10年の一般入試に合格した受験者の男女比で，女子が4割弱と前年の2割強を大幅に上回ったことがきっかけだったという。11年以降，女子の合格者を3割前後に抑えるようになり，実際に同年以降の一般入試では，3割前後で推移している。10年は，合格率も女子が男子よりも上だったが，その後は毎年，男子が上回っている。
> 　同大関係者は取材に対し，<u>女子に対する一律の減点を認めた上で「女子は大学卒業後，結婚や出産で医師をやめるケースが多く，男性医師が大学病院の医療を支えるという意識が学内に強い。いわば必要悪。暗黒の了解だった。」</u>と説明している。(10)（下線は筆者）

　『読売新聞』は，大学の一般入試で性別を対象とした恣意的な操作が明らかになるのは極めて異例のことで議論を呼びそうだと指摘していたが，東京

医科大学による入試不正は，受験生と保護者，関係者は言うまでもなく，女性たちにも大きな衝撃を与えた。

作家の北原みのりは報道内容に「黙っていられない」と直ちに抗議アクションを呼びかけ，翌日8月3日，賛同した100人ほどの人たちと東京医科大学の正門前に集まった。デモに参加した女性たちは，「#私たちは女性差別に怒っていい」「女性差別を許さない」「下駄を脱がせろ」などといったプラカードを掲げ，東京医大の対応に怒りと絶望の声を上げた。

その4日後の8月7日，東京医科大学は記者会見を開き，少なくとも2006年の一般入試から女子や浪人年数の長い男子の得点操作を行なっていたことを認め，「重大な不正であり，社会の信頼を大いに裏切ることになった」と謝罪した。得点操作は女子たちの合格を抑制するのが目的で，同大学調査委員会は「女性というだけで不利な得点調整を行なうことは，もはや女性差別以外の何物でもなく，断じて許される行為ではない」と厳しく批判した。[11]

8月2日，東京医大不正入試問題が初めてニュースに取り上げられて以来，新聞や雑誌など各種メディアやインターネットには，医学部の女子差別入試問題をめぐる批判的な論考が数多く寄せられた。

その一人蟹分解（2018年8月15日）は，「急激な時代の変化についていけなかった」と弁解した東京医大の担当理事に対して，「時代に取り残されたのではない。それまでなかった差別を今世紀に新たに生み，時代を逆行させた。このことを自覚すべきである」[12]と手厳しく批判した。また，山口一男（2018年8月10日）は，「今回のような女性差別は，高度な専門職に関わる教育や雇用の男女の機会の不平等について氷山の一角」だと次のような指摘を行なっている。

> それまで順調に伸びてきた医師の国家試験の合格者の女性割合が，過去約15年全く頭打ちになって伸びないというのは，医学部入学者の女性割合が全国で頭打ちになっているせいである。これは極めて異常であり，医学部入学における女性差別の慣行が東京医大にとどまらず，広く蔓延していることを示唆する。これ等は状況から考えた推測だが，政府はこの懸念に関し医大や医学部の今までの合格者選抜について受験者の女性

割合に比べ合格者の女性割合が不自然に低い場合など，公平性に疑いがあれば厳しく調査し，女性差別的慣行があれば断固として是正すべきである。(13)（下線は筆者）

　山口一男が懸念していたように，得点操作を行なっていたのは東京医大だけではなかった。東京医科大学（8月）のほかにも昭和大学（10月），神戸大学（11月），岩手医科大学，金沢医科大学，福岡大学，順天堂大学，北里大学，日本大学，聖マリアンナ大学（12月）ら計10大学の医学部が，得点調整を行なっていたことが次々と明るみになったのである。不正行為を認めない大学などを含めると，程度の差こそあれ，女子に不利な扱いが全国（81大学）の医学部入試で行なわれていたことになる。
　表面的にはジェンダー平等が進んでいる今の日本で，女子受験生に不利な入試が全国の医学部でまかり通っていたのは普通のこととは思えない。なぜ，こうした不正入試が長年続けられてきたのか。その背景には，医学界における「長時間労働が常態化した男性優位職場環境」が指摘されている。これに対して労働環境を改善し，働きやすい職場づくりをすればよいという声が上がったが，問題はそう単純ではない。2でみてきたように，日本の経済分野と政治分野におけるジェンダー・ギャップは世界的に見ても最下位レベルであり，こうした状況は医学界にも当てはまる。

(2) 医学界に残る根深い性別役割分業意識

　安川康介・野村恭子［2014］によれば，全国の医学部の全教授のうち女性は約2.6％と少なく，約3分の1の医学部には女性教授が一人もいない。また，日本外科学会の評議員に占める女性の割合は6％と低く，半数以上の学会で女性役員が一人もいない。医師の世代別男女比を考慮に入れても，指導的な立場にいる女性は極端に少なく，今の医学界は女性が医師として非常に活躍しにくい状況である。(14)その主な要因として，性別役割分業を前提とした医師の長時間・不規則な勤務体制，女性医師の家庭と仕事の二重負担，女性に対する固定観念・偏見・差別などが挙げられている。こうした劣悪な職場文化と労働環境が，女性医師をして仕事と出産・育児を両立することを難しくさ

せ，結果的に多くの女性医師が離職を余儀なくされているのである。日本医師会調査［2009］によれば，約 4 割の女性医師が休職・離職を経験しており，約 4 人に 1 人は 6 か月以上の休職・離職を経験していたという(15)。

周知の如く，仕事と家庭の両立困難は医療の分野に限らず，現在の日本社会において多くの女性が直面する問題である。その背景にあるのは，日本における「男性は仕事，女性は家庭」という強い性別役割分業意識の存在なのである。図 3 は「夫は外で働き，妻は家庭を守るべき」だという考え方に対する意識の変化（1979 - 2019）を追ったものである。

注目すべきなのは，1979 年には男女とも 73％の人たちが「夫は外で働き，妻は家庭を守るべき」という考え方に「賛成・どちらかといえば賛成」と答えていたのだが，その 40 年後の 2019 年にも賛成と答えた人が 35％もあり，特に男性では賛成の比率が 39.4％と高く，女性でも 31％が賛成していたことだ。2016 年から反対が賛成を上回ってはいるものの，4 割近い人たちが依然として「夫は外で働き，妻が家庭を守るべき」という規範的な役割意識から抜け出していないのは特筆すべき事態である。

ジェンダー平等な社会を作るためには，何よりも男女の固定的な性別役割分業意識を無くしていくことが必要であり，それがもっとも基本的な政策課題となるのだが，日本は社会全体として，この意識改革の課題に取り組んできたとは言えず，むしろ温存してきたように見える。過去最低を更新した 2023 年ジェンダー・ギャップ指数 125 位（146 か国中）という順位は，日本社会がこの課題を放置してきたこと，ある部分で意図的に取り組んでこなかった結果にほかならないが，とりわけ医学界の性別役割分業意識は根深い。

安川康介・野村恭子［2012］は，女性医師離職の大きな原因は仕事と家庭の二重負担であり，その二重負担の背景に，強い性別役割分業観及び男性の家事労働への不参加があることを指摘し，サポート体制構築など対策だけではなく，性役割分担を見直し，家事労働の責任分担のあり方を再検討することを主張した(16)。

しかしながら，その甲斐もなく，6 年後の 2018 年，東京医大の女子差別不正入試が発覚し，価値観のアップデートができない医学界の後進性が改めてクローズアップされた。女子医師にとって不利となる労働環境や制度の整備

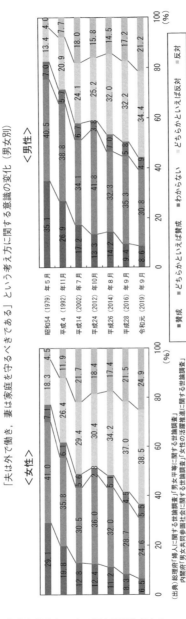

図3 性別役割分業について賛否を問う世論調査

に取り組む代わりに，実は，入り口である医学部入試の時点で女子差別が行なわれていたのである。

(3) ジェンダー・ステレオタイプが人の機会を奪う

　以下の文は順天堂大学と東京医科大学，北里大学が入試の際に女子受験生に不利な扱いをした「理由」をピックアップしたものである。

　【順天堂大学】
　「一般的に女子の方が精神的な成熟が男子より早く，相対的にコミュニケーション能力も高い」「18歳の時は女性が高くても，20歳で一緒なら，数年後に高くなる男子学生を救うため」（記者会見で説明）
　【東京医科大学】
　「女性は，妊娠や出産というライフイベントがあるので，将来的に大事なポジションにつく者が男性に比べて少ない」「女性医師を増やすと，診療科目によっては医療崩壊の危険がある」（調査報告書から）
　【北里大学】
　入学者に占める女子の割合が他の私立大医学部より高いのに加え，「合格した男子学生の辞退率が高く，抜けた部分を埋め合わせるため」（取材に対し回答）
　　　　　　　　　　　　　　　　　　　（『朝日新聞』2018年12月12日付）[17]

　いずれの大学も，男子に「下駄」を履かせるために女子に不利な扱いをしていたが，注目すべきなのは順天堂大学である。他大学と違って同大学は，「女子の方がコミュニケーション能力は高い」という理由から，面接で不利になる男子の点数を補正したが，その際に「コミュニケーション能力の是正」の根拠として，米国大学教授 L. D. Cohn [1991] の学術論文 "Sex Differences in the Course of Personality Development: A Meta-Analysis" を提出したのである。[18] つまり，得点調整は単なる思い込みや経験則だけではなく，医学的見解に基づいて行なわれたものであると訴えていたのだが，そもそも「女子の方がコミュニケーション能力は高い」という学説に，根拠があるのかというこ

とだ。

　答えは「否」である。木村昌紀が指摘しているように，コミュニケーション能力は「その捉え方や定義は，研究者の間でも議論が分かれている。相手の気持ちや意図を読み取る『対人的感受性』はその要素の一つで，女性の方が高い傾向にあるという知見はたくさんあるものの，それは全体的な傾向で個人差が大きい[(19)]」からである。

　ところが，「女子の方がコミュニケーション能力は高い」という学説を理由に，医学部入試で女子に不利な得点調整が行なわれた結果，多くの女子受験生が大学に入学できず，医学の学問を学ぶ機会を奪われてしまったのである。問題は，学びの機会を奪ったのは医学部だけではないことだ。

　2で指摘したように，工学部や自然科学系などSTEM系学部への女子学生の割合は図4が示すように，OECD加盟国の中で最下位である。これは単純に女子学生が少ないことの影響もあるが，日本の人文系学部の女子学生比率は先進国の中でも高い方に位置していることを鑑みれば，日本の女子学生は理系・STEM系への進学がそもそも少ないことを示唆している。ではなぜ，日本の女子学生はSTEM系学部への進学を避けているのであろうか。畠山勝太の次の指摘は示唆に富む。

　　中等教育の生徒を対象とした国際学力調査としてTIMSSとPISAが挙げられる。この二つは測定しようとしているものが異なるので，両者の結果や順位を比較することは憚られるのだが，どちらの国際学力調査でも<u>日本の女子生徒のSTEM系科目の成績は世界でも常にトップクラスに位置しており，日本の女子生徒が低学力であるから女子教育の三重苦問題が発生しているとは言い難い。日本国内の男女間の成績格差を見ても，STEM系科目における男女差は先進諸国の中でも平均より僅かに大きい程度であり，その程度の差が先進諸国の中で最悪の女子教育の課題を招いているとは考えづらい。</u>では，大学院・STEM・トップスクールという女子教育の三重苦問題を改善するために何ができるのであろうか？（中略）<u>女子教育の問題が発生するのは，教育セクター内の問題だけではなく，社会がそのようであるからこそ発生するという側面もある。</u>

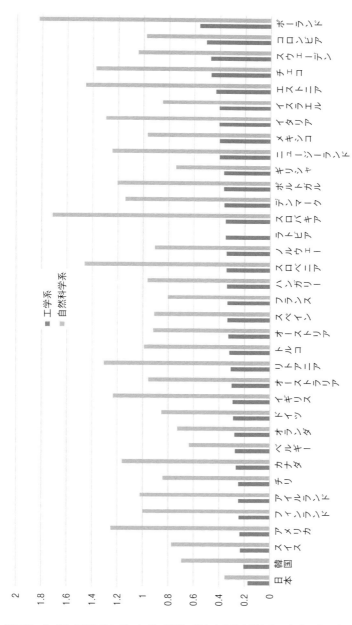

図4 STEM系学部在籍者の男女比

(出所) OECD [2021] (畠山勝太 [2022：62]) より引用

第7章 なぜ日本は世界のジェンダー平等の流れから取り残されてしまったのか　123

<u>変わるべき社会の筆頭として思い浮かぶのは家庭ではなかろうか，な
　ぜならそこは子供たちが最も時間を過ごす所だからだ</u>。しかし，この分
　野の研究を見ると，<u>確かに保護者が持つジェンダー・ステレオタイプは
　子供たちに伝わるし，とりわけ母親が持つ潜在的なそれは娘に影響しや
　すい</u>。このため，家庭内でジェンダー・ステレオタイプを子供たちに受
　け継がせてしまわないように，とりわけ潜在的なジェンダー・ステレオ
　タイプに注意を払う必要がある。(20)（下線は筆者）

　畠山勝太は，日本の女子学生の STEM 系学部への進学率が低い要因は，学
生個人の能力や教育分野内の問題ではなく，日本社会に根深いジェンダー・
ステレオタイプが影響していると指摘し，女子学生の STEM 系科目への関
心を高めるためには，特に家庭内のジェンダー・ステレオタイプに留意すべ
きだと述べている。

　確かに，ジェンダー・ステレオタイプは，性別役割分業意識と共に日本の
ジェンダー平等を妨げる主な要因の一つであるが，これまでの議論では性別
役割分業意識を如何になくしていくかだけがクローズアップされ，ジェン
ダー・ステレオタイプにはあまり注意してこなかったきらいがある。しかし，
本田由紀が指摘しているように，ジェンダー・ステレオタイプはあらゆると
ころに存在し，タテマエとしては男女平等を掲げている学校も，実はステレ
オタイプを逃れることはできていない。(21)

　学校におけるジェンダー・ステレオタイプについては本田由紀の著書を参
照されたいが，子どもたちのジェンダー・ステレオタイプの形成に影響を与
えるのは学校だけではない。家で過ごす時間が長い子どもは保護者が持つ
ジェンダー・ステレオタイプの影響を最も受けやすく，とりわけ母親が持つ
潜在的なステレオタイプは娘に影響しやすい。家庭におけるジェンダー・ス
テレオタイプ問題に注目した畠山勝太は，保護者のステレオタイプが子ども
たちに受け継がれてしまわないように，特に潜在的なステレオタイプには留
意すべきだと注意を促している。

　とはいえ，日本の大学における女子教育が直面する3重苦，すなわち大学
院進学率・理系 STEM 系進学率・トップスクール進学率の低さを考慮すると，

ジェンダー・ステレオタイプが高等教育に及ぼす影響についてももっと目を向けるべきだと筆者は思う。

四本裕子によれば，人の性格や能力に関してジェンダー・ステレオタイプを持つことは，社会の現状が反映されたものであっても有害である。なぜなら，ステレオタイプは，人の機会を奪うからである[22]。以下はその具体的な例の一部である。

> 親や教師が「女子は文系の学問のほうが，男子は理系の学問のほうが得意である」と信じていると，女子からは理系の学問の機会が奪われ，男子からは文系の学問の機会が奪われます。
> 　学歴や経済力は，女性よりも男性が高いほうが望ましいという考え方は，男性から自由を奪い，女性から進学や職業選択の機会を奪います。
> 　「女が東大に行ったら結婚できないぞ」と親族に言われたという学生は実際に存在するのです。[23]

このように見てくると，日本では大学における女子の専攻分野選択が文系に偏っている，つまり，理系を選択しにくい傾向があると指摘され続けているのは，「男子は理系に強い」「女子は理系に弱い」「理系は男らしい」「理系は女らしくない」というジェンダー・ステレオタイプが，女子学生を理系の分野を学ぶことから遠ざけてしまっているからである。

科学やエンジニアリング，ITなどSTEM系科目に興味を持つ女子学生はけっして少なくない。しかし，学年が上がるにつれて教師や親の影響で「理系は男子」というジェンダー・ステレオタイプが大きくなっていき，それがSTEM系科目へのモチベーションを下げてしまうのである。これを改善するためにも，小学校からのSTEM教育を実施すべきだという声も聞くが，まずは日本社会に根強く残る「理系は男子」というジェンダー・ステレオタイプを排除し，女子学生のSTEM系科目への関心や興味を高める努力が必要である。

しかし残念ながら，教育や社会からジェンダー・ステレオタイプを排除する動きや試みはあまり見られない。むしろ，東京医科大学に端を発した医学

部入試の女子一律減点問題が発覚し，日本の後進性が改めて注目されている。このような入試差別が複数の教育機関で行なわれ，しかも長年見過ごされてきたということは，まさに「医師は女性にはつとまらない」というジェンダー・ステレオタイプが長年社会で共有され，引き継がれてきたからである。そのことを気づかせたという点で，逆説的だが医学部女性差別不正入試が日本社会に投げかけた意義は大きいと思う。

4　おわりに

「ジェンダー論」やジェンダー関連授業で，日本のジェンダー・ギャップ指数が，一部の発展途上国と同じぐらいの最低レベルだと指摘すると，「そんなはずはない」と反発する声を聞く。中には「男女差別なんて昔のこと。今の日本には存在しない」といったコメントを寄せる学生も少なくない。

確かに，日本は韓国や台湾など東アジア諸国に先駆けてウーマン・リブ運動やフェミニズムの研究が進み，その成果の達成として，1986年には男女雇用機会均等法が施行され，1999年には男女共同参画社会基本法が成立した。90年代以降は，先進国の中でもいち早く育児休業法（1992年施行，95年に育児・介護休業法に改正）が実施され，家庭科男女共修法（中学校は93年，高校は94年），セクシュアルハラスメント防止法，ストーカー規制法（2000年），DV防止法（2001年），性同一性障害特例法（2004年），「女性活躍法」（2015年），性犯罪の刑法改正（2017年）といった法的整備も進んだ。つまり，韓国など諸外国と比較しても，とりわけ男女平等の実現に向けた法的整備に関して日本は男女平等の先進国なのである。

しかし，現実をみれば，若い世代が思っているほど日本はジェンダー平等の社会ではない。たとえば，男性の育児休暇の制度整備についていえば，日本は先進国の中でも最も進んだ国の一つであるが，実際の男性の育児休暇の取得率は先進国の中でも低い水準に留まっている。その理由は，制度があっても人々の意識や習慣がそれを邪魔しているからである。2018年に発覚した医学部入試問題は，まさしく日本社会のそこかしこに残っている無意識の価値観が引き起こした象徴的な出来事と言えよう。

問題発覚から6年余りが過ぎた現在，性別を理由に不合格とされたのは不当だとして，2019年に元受験生の女性28人が起こした訴訟への判決が確定し，事件は一段落した。無論，これで問題が解決されたわけではないが，不利益を被った受験生に受験料などを返還するよう東京医科大学に命じた東京地裁判決（2020年3月6日）は，就職や昇進などさまざまな形で残る女性差別に対する社会全体への警鐘にもなったと，その社会的意義が高く評価された。[24]
　しかし，医学部不正入試以降も，女性差別をめぐる不祥事が後を絶たない。2021年2月3日，東京五輪・パラリンピック大会組織委員会森喜朗前会長の女性蔑視発言は記憶に新しい。直近では，2024年1月28日，自民党の副総裁麻生太郎が福岡県芦屋町での講演で，上川陽子外務大臣について，「そんなに美しい方とは言わんけれども，英語できちんと話をし，外交官の手を借りずに自分でどんどん会うべき人と予約を取っちゃう」と発言し，波紋を呼んだ。[25]「女性差別の姿勢が見て取れる」「今までの暴言の中でも最悪」などと批判が殺到し，麻生副総裁は「容姿発言」を撤回したが，この報道に接して改めて思うのは，「変われない日本」の女性差別の構造なのである。
　なぜ，日本は世界のジェンダー平等の流れから取り残されてしまったのか。最大の阻害要因として，公的な意思決定の場に女性が少ないことが指摘されている。しかし，森喜朗前会長や麻生太郎副総裁の「女性差別」発言が端的かつ雄弁に物語っているように，意思決定の場に女性が少ないことよりも，むしろ価値観のアップデートができない人たちが意思決定の場に居座り続けていることが問題なのである。過去最低を記録した2023年ジェンダー・ギャップ指数「125位」という順位は，森氏や麻生氏のような古い価値観の人たちを社会の意思決定層に残してきた結果にほかならない。この現状を変えるにはどうしたらよいか。制度改革は待ったなしの課題であるが，麻生氏らの女性差別の発言を容認してきた日本社会の構造的問題をも同時に認識しなければならない。
　周知のように，麻生氏は過去にも問題発言を繰り返してきたが，自民党内で問題視されることもなく，要職にとどまり続けている。それを可能にしたのは女性蔑視を構造的に許容する日本型組織文化なのである。2024年の麻生氏の発言を擁護する声は少ないが，それにもかかわらず，旧来の男性中心

で均質性の高い日本型組織文化を変えることは簡単ではない。しかし，フィンランドなどジェンダー平等が進んだ北欧の国々でも，かつては性別役割分業意識が強かったが，国を挙げて意識改革を行なった結果，今日の社会のあり方を形づくることができたことを考えれば，日本にそれができないはずがない。

「変われない日本」を変えていくには，意思決定の場に多様なマイノリティーの声を届けるしかない。そのためには，単に差別の事実を問うのではなく，「なぜ，誰が，そういう社会的状況を作り出しているのか」という社会の構造を読み解く視点と知識が必要であるが，その議論は次の機会に譲り，本稿のまとめとしたい。

(1) 台湾は国連に加盟できないため，世界経済フォーラムによるジェンダー・ギャップ指数（GGI）ランキングと，国連開発計画（UNDP）によるジェンダー不平等指数（GII）の統計データの対象外とされる。そこで台湾の行政院性別平等処ではGGIと同様の基準で算出した報告書『2023年性別図像』を毎年発表している。

(2) 中澪（2022年12月1日）「ジェンダー・ギャップ指数を読み解く——問題の過度な単純化に陥らないよう，多角的な検討を」『人と社会』大和総研グループ。https://www.dir.co.jp/report/research/policy-analysis/human-society/20221201_023445.pdf（2024年1月19日閲覧）。

(3) 申箕榮（2022年7月28日）「韓国に大差をつけられ116位…日本のジェンダー・ギャップが12年前のレベルに"後退"したワケ」『プレジデントオンライン』。https://president.jp/articles/-/59839（2024年1月20日閲覧）

(4) 畠山勝太（2022）「グローバルなジェンダー指標から見た日本の中等教育とそれを取り巻く環境の課題」『学術の動向』2022年10月号，60-61頁。

(5) 『統計N』（2019年7月10日）「大学進学率7.9％高いが，平均賃金は男子の68.8％（대학진학율 7.9％높지만 평균임금은 남자의 68.8％）」，『ビクターニュース』。https://m.post.naver.com/viewer/postView.nhn?volumeNo=22197086&memberNo=41313890&vType=VERTICAL（2024年1月20日閲覧）。

(6) 『朝日新聞』（2018年10月10日付）「「女が大学なんて」言わせない」2面。

(7) 畠山勝太（2022）61頁。

(8) 工藤洋子（2022）「学校の日常から考えるジェンダー平等教育」『学術の動向』10月号，85頁。

（9）『朝日新聞』（2018年10月18日付）「大学進学の機会　男女で平等？②　性別で格差　違和感もって」2面。
（10）『読売新聞』（2018年8月2日付）1面。
（11）『朝日新聞』（2018年8月8日付）「東京医大入試『女子差別』調査報告　06年には得点操作」1面、「入試不正　二つの手法」2面、「調査報告書概要」27面。
（12）蟹分解（2018年8月15日）「東京医科大の入試差別が示す深刻な実態—日本は時代を逆行して後進国になるのか」、『東洋経済オンライン』https://toyokeizai.net/articles/-/233420（2024年2月10日閲覧）。
（13）山口一男（2018年8月8日）「東京医科大学の入試における女性差別と関連事実—今政府は何をすべきか」『Special Report』、独立行政法人経済産業研究所。https://www.rieti.go.jp/jp/special/special_report/098.html（2024年2月10日閲覧）。
（14）安川康介・野村恭子（2014年8月）「日本の医学界におけるジェンダー平等について」『医学教育』第45巻・第4号、276‐277頁。
（15）日本医師会女性支援センター（2009）「女性医師の勤務環境に関する調査」日本医師会。
（16）安川康介・野村恭子（2012年8月）「医師における性別役割分担—診療時間と家事労働時間の男女比較」『医学教育』第43巻第4号、318頁。
（17）『朝日新聞』（2018年12月12日付）「医学部入試「女子はコミュ力が高い」本当？」33面。
（18）Cohn, L. D. (1991) "Sex Differences in the Course of Personality Development: A Meta-Analysis," *Psychological Bulletin*, 109(2), pp.252-266. https://doi.org/10.1037/0033-2909.109.2.252（2024年2月18日閲覧）。
（19）『朝日新聞』（2018年12月12日付）「医学部入試『女子はコミュ力が高い』本当？」33面。
（20）畠山勝太（2022）64頁。
（21）本田由紀（2021）『「日本」ってどんな国？――国際比較データで社会が見えてくる』ちくまプリマー新書、80‐81頁。
（22）四本裕子（2020年4月6日）「わたしたちはジェンダー・ステレオタイプに慣れすぎている」英治出版オンライン。https://eijionline.com/n/na333fc832278（2024年2月19日閲覧）。
（23）四本裕子（2020年4月6日）「わたしたちはジェンダー・ステレオタイプに慣れすぎている」英治出版オンライン。https://eijionline.com/n/na333fc832278（2024年2月19日閲覧）。
（24）渡辺豪（2020年3月）「東京医科大の受験性差別「違法」の司法判断　全ての

女性差別に警鐘」『AERA』2020 年 3 月 23 日号，58‑59 頁。
(25)　『朝日新聞』（2024 年 1 月 30 日付）「女性差別の姿勢 「評価する側」前提　容姿言及　麻生氏に批判」25 面。

■引用・参考文献
石川由香里・杉原名穂子・喜多加実代・中西祐子（2011）地域社会を生きる家族──教育意識と地域・ジェンダー』有信堂。
スティール，クロード（2020）『ステレオタイプの科学──「社会の刷り込み」は成果にどう影響し，わたしたちは何ができるのか』藤原朝子訳，英治出版。
丁貴連（2022，2023，2024）「江戸女流文学とジェンダー，そして『わきまえる女』──朝鮮朝女流文学『閨房歌辞』を手掛かりとして（上・中・下 a）」『宇都宮大学国際学部研究論集』54 号，55 号，57 号。
本田由紀（2021）『「日本」ってどんな国？──国際比較データで社会が見えてくる』ちくまプリマ新書。
山口智美・斎藤正美（2023）『宗教右派とフェミニズム』青弓社。
横山広美（2022）『なぜ理系に女性が少ないのか』幻冬舎新書。

第 8 章

儒学から近代への転換期における権力,「知」と知識人に関する言説分析

戚　傑

> もしも第三次世界大戦が勃発したら，その罪は，間違った曇りのない良心を広く供給してしまった知識人にある。
> ——グンナー・ミュルダール

> この情報化時代にあって，もしも第三次世界大戦が勃発したら，その罪は，間違いなく権力者の「知」のみを語る知識人とマスコミにある。　　　　　　　　　——著者

1　はじめに

　知識人の形成を考察するにあたっては，いくつかの最も基本的な問いについて答える努力が求められる。それは,「知」がどのように構築されてきたのか，誰が「知」を語ることができるのか,「知」を語ることと権力の行使にどのような関係があるのか，権力と「知」のあいだに何らかの関係があるのか，国家（権力者）はどのようにある言説を「知」として社会の中で働かせるのか，といった問いである。
　こういった疑問を念頭に，本稿ではミシェル・フーコーの系譜学的な言説分析法を用いて中国知識人の移り変わりについての探究を試みる。中国知識人は儒学者から近代的な個人へ，偉大な知識人から政権の下僕へと，多くの変遷を経てきた。歴史的に見ると，異なる中国社会状況が，異なる知識人像を形成し，異なる「知」を語らせてきたことがわかる。
　まずは，デューイの実用主義が儒教文化を背景に持つ中国知識人と中国社会に与えた影響を,「五四新文化運動」を機に始まった文化改革や文字改革

を通して検証する。デューイが提唱したプラグマティズムの導入は，儒教思想を信奉する中国知識人を個人主義信奉者へと作り変えるプロセスを理論的側面から支援することになり，いわば，中国近代化の理論的基盤となった。次に，作り変えられ，生まれ変わった新しい中国の知識人たちは，中国語，中国文学，中国文化，中国教育制度とありとあらゆる分野において革新的な改革を模索しはじめ，そこで，デューイのプラグマティズムが彼らに「民主主義」，「自由」と「科学」の有効性を教えることとなる。本稿ではこの困難に満ちた改革プロセスを検証し，デューイのプラグマティズムが中国の近代化に与えた影響の大きさや土着化したプロセスの解明を試みる。さらに，1949年以降，特に鄧小平の経済優先戦略を通じて，毛沢東政権とその後継者たちが知識人を統治するために用いた様々な手法の変化についても検証を行なう。

2　系譜学でみる権力と知の相関

　ミシェル・フーコー（Michel Foucault）の系譜学（genealogy）は，「現在の歴史（history of the present）」であり，真理の否定と解釈主義，つまり歴史における因果性・必然性という想定の拒否であると同時に，歴史記述対象の変更であるという特徴を持ち合わせている。系譜学とは何かについて，フーコー［2006：358-359］は次のように述べている。

> 系譜学は，時間をさかのぼり，忘却の拡散のかなたに大いなる連続を再建しようというものではない。系譜学の任務は，過去が，時の行程のすべての通過路にそもそもの出発点からすでに線をひかれた一つの形を押しつけた後，現在でもちゃんと生きていて，現在をひそかに動かしながら，まだここにあるのだ，と示すことなのではない。（中略）由来の複雑な糸のつながりをたどることは，それとは逆に，起こったことをそれに固有の散乱状態のうちに保つことである。それは，偶発事，微細な逸脱——あるいは逆に完全な逆転——，誤謬，評価の誤り，計算違いなど，われわれにとって価値のある現存物を生み出したものを見定めることで

ある。それは，われわれが認識するものおよび，われわれがそれであるところのものの根にあるのは，真理と存在ではなくて，偶発事の外在性であるのを発見することである。

　フーコーの系譜学は，主体と主体性形成における歴史的および社会的構築を問題化することである。たとえば，フーコーは『性の歴史Ⅰ　知への意思』で，ブルジョワの性がいかに異なる権力や管理手法によって構築され，変遷してきたかを探究している。フーコーの意図は，欲望や快楽の連続した歴史を書くことではなく，性が一定であるという一般的な信条を覆そうとすることであった。キリスト教の懺悔，国家規制，制度的規律などの異なる権力や管理手法を記述することによって，フーコーは権力と知の相互関係性を描く。また，『監獄の誕生』では，フーコー［2020：34］は権力と知の関係性について次のような見解を示している。

　　権力は何らかの知を生み出す（ただ単に，知は奉仕してくれるから知を優遇することによってとか，あるいは，知は有益だから知を応用することによってとか，だけではなく）という点であり，権力と知は相互に直接に含みあうという点，また，ある知の領域との相好関係が組立てられなければ権力的関連は存在しないし，同時に権力的関連を想定したり組立てたりしないような知は存在しない点である。

　さらに，フーコー［2020：34］は現代社会における知識人の役割について，次のように警鐘をならしている。

　　認識する主体，認識されるべき客体，認識の様態はそれぞれが，権力‐知の例の基本的な係り合いの，またそれら係り合いの史的変化の，諸結果であるという点である。要するに，権力に有益な知であれ不服従な知であれ一つの知を生み出すと想定されるのは認識主体の活動なのではない，それは権力‐知〔の係り合い〕であり，それを横切り，それが組立てられ，在りうべき認識形態と認識領域を規定する，その過程なら

びに戦いである。

　フーコーの歴史観・権力観を要約すると，「真理／知」は，絶対的な歴史的相対性であり，「歴史学の歴史」は社会における思考のシステムであり，真理と誤謬の生産体制でもある。「真理／知」には普遍性はなく，時代と地域によって常に変遷すると表現できる。スマート［1994：81］が指摘するようにフーコーの系譜学は権力の連続性・必然性をきっぱり否定している。

> 系譜学のもうひとつの次元は，歴史における現出の分析にかかわるものです。この現出は，諸々の出来事の頂点や発達過程の終点ではなく，「諸々の支配の偶然的な戯れ」の個別的・瞬間的な表明，諸力のあいだの闘争の一舞台である，と考えられています。この場合，現出の諸形式は，たんにその場かぎりの「一連の服従にかんする諸々のエピソード」，あるいは闘争のダイナミックな諸関係性の諸々の具体化にすぎないと，考えられています。系譜学のこの次元は，諸々の矛盾，衝突，従属のシステムを擁しています。これらのもの現出の歴史的諸形式は，一時的な表われでしかありません。

　フーコーの系譜学は，一部の学者が指摘しているように，現在なるものを構成する合理性の諸形式と権力の諸技法に関する歴史的言説分析である［Popkewitz and Brennan 1997］。言説分析としての系譜学は，真理／知について，その構築された過程を明らかにすることによって，権力の偶発性，真理／知の生産体制を理解することに寄与する。フーコーは私たちに権力や真理／知について懐疑主義的な分析方法を与えてくれた。たとえば，性の歴史を分析するにあたって，フーコーは，権力が他者に従うべきルールを定めることによってセックスをコントロールすることを強調し，権力が支配，服従，被支配を通じていかに服従を求めるか，また権力がいかに自らを有益な存在に偽装することによってその真の意図を覆い隠すかを暴いている。フーコーの歴史観は，「当たり前」や「自然」と見えるものを社会的および歴史的な構築物として暴露する方法であり，現状について異なる問題提起を可能にする手助

けとなる。

　本稿では，この系譜学的分析方法を用いて中国知識人がどのように構築されてきたかについての言説的分析を試みる。フーコーの権力の概念は，中国における毛沢東政権およびその後継者によって用いられた，知識人を統治する技法を問題視する斬新な方法論を提供した。フーコーにとって，権力はイデオロギーの問題でもなければ，他の社会集団に対して一つの社会集団が支配する領域でもなく，権力が行使されるときにのみ存在する。フーコーによれば，権力は所有することができず，行動においてのみ存在するものである［戚 2022］。多様なプラクティスが権力を生み出し，権力は知識の構築に関連する言説を通じて機能する。言説は権力の行使であり，権力は知を生産し，権力は社会全体にわたる生産的なネットワークである。権力関係が変化すると，知は常に再形成され，再構築される。『性の歴史Ⅰ　知への意思』，『監獄の誕生』およびその他の晩年に書かれたエッセイを含むフーコーの作品を通じて，われわれは二つの新たな権力のタイプを見出すことができる［Foucault 1976, 1977, 1978, 1985, 1990］。すなわち，主権権力（sovereign power）と規律権力（disciplinary power）である。これらの権力はそれぞれ，国家と社会の特定の構成に関与している。まず，主権権力――伝統的な権力は，領土をもつ国家や法から成る社会と関連している。その特徴は，規制と義務の相互作用である。次に，規律権力は，学校，軍隊，工場などの機関を通じて行使される。このタイプの権力は行政国家に奉仕し，社会を規制する。フーコーはこれらの権力の特徴を，次のように指摘している。ⓐ現代の権力は主権権力と規律権力の共存であり，ⓑこの共存は実際の規律，監視，強制のメカニズムを隠蔽している。現代中国における主権権力と規律権力の共存は，知識人の構築に関連する言説を通じて機能しているのである。

3　近代中国における「知識人」の変遷

　中国の最後の皇帝による政権は 1911 年に崩壊し，その後の中国は 20 世紀初頭に急速な社会変化を経験した。日本とヨーロッパの列強は軍事力によって中国を植民地化しようと試みたため，反日および反ヨーロッパ列強運動が

国内全体に広がった。同時に，一部の知識人は西洋，特にアメリカの哲学や理論を学ぶことを強く促し，多くの西洋の哲学や思想が中国語に翻訳されていった。その中で，ジョン・デューイ（John Dewey）の社会科学および教育に関する理論が中国の知識人によって特段の注目を集めることになった。デューイの思想は20世紀のはじめに，早くも中国に導入されたのである［Qi 2005］。

　社会改革運動を始めるにあたって，知識人たちはデューイの思想を中国独特の社会的・歴史的状況に合わせて変化させ，中国式プラグマティズムを生み出した。「重估一切価値（あらゆる価値の転換）」，「整理国故（国学整理）」などのスローガンが表わすように，中国古代の学術思想や中国歴史・文化について「整理」し，「科学的方法」で批判的に考証するのが，中国式プラグマティズムの特徴であった。

　デューイのプラグマティズムが人気を集めた理由は，中国の文化，社会および政治状況と互換的関係を形成できたその適応性にあった。中国におけるデューイの思想は，他の中国の思想家たちと組み合わされた後，特に西洋志向ではなく，むしろ土着の中国の生活様式と密接に関連していった。社会革命を唱えた中国の共産主義や社会主義とは異なり，中国デューイ派の社会プラグマティストの改革は，社会を転覆させ，政権を打倒するのではなく，中国の社会的，文化的，政治的状況を改良することを目指していた。これらの社会プラグマティストの改革にとっては，言語から改良を始めることが重要であった。なぜなら，古典的な中国語が社会進歩を妨げていると信じられていたからである。

(1)「明哲保身」の儒教知識人から社会改革のパイオニアへの転換

　中国の知識人は儒教に深い魅力を感じていた。何千年もの間，知識人の最終目標は，孔子の有名な格言「学而優則士（学ぶは官僚となるためなり）」にあるように，体制を支える官僚として訓練されることであった。科挙制度の下で，受験生たちは経典の文章を丸暗記し，そこで使われるフレーズがどんな意味になるかを必死に覚えなくてはならなかった。20世紀初頭まで，中国の知識人は二つのタイプに分けられた。一方は官僚となることに成功したが，

他方はそのような官界で成功しなかった。前者は体制のために働き，富を蓄えた。成功した儒学の知識人を称賛する中国の成句，「衣錦還郷（故郷に錦を飾る）」が示すように，良い学び手は官僚となり，官僚となることは財を成すことであると理解されていた。しかし，後者，すなわち官僚とならなかった者たちは，現実から自らを切り離す傾向があった。彼らは文学にふけった。現実に不満を感じていたものの，彼らの声は儒教の権威主義によってかき消された。これらの知識人にとっての美徳は「清高（世離れした清らかさ）」であり，政治や世俗的な価値観から離れて立つことは良しとされていた。

　これら二つのタイプの中国の知識人は異なるように見えるが，どちらも儒教の集団主義の構造から逃れることはできなかった点で共通する。体制のために働くか，体制から離れるかにかかわらず，いずれのタイプの知識人も体制にこだわり，自らを制限していた。天子（皇帝）の言葉を「天経地義（絶対的真理）」として何の疑いもなく受け入れていたのである。儒教主義は，中国の知識人が真理と権力について審察し疑問視することを不可能にした。シュムエル・アイゼンシュタット（Shmuel Eisenstadt）はこのことについて次のように指摘した。「非政治的エリートは，政治的領域において自らを政治権力と同等，あるいはそれ以上であると見なす傾向があり，往々にして政治権力が信頼できると考えている」[Eisenstadt 2003：291（筆者訳）]。儒教知識人には，政治，社会，経済などに批判的であるよりも，世俗的な渡世術という知恵を持ちあわせながら身の安全を守る「明哲保身」の傾向があった。一方，新しい中国知識人は，中国社会の現実を踏まえつつ，デューイの思想を選び取り，中国の特質に結びついた革新方法を試みた。デューイの科学思想や民主主義思想は改革運動の理論的根拠となり，新しい中国知識人は自らを社会改革のパイオニアと自認した。

(2) 改革運動
　新しい中国知識人が社会政治的な舞台で積極的な役割を果たし始めると，彼らは中国語に疑問を投げかけ始めた。彼らは中国語を近代的な思考を表現できるツールに変えようと試みた。五四運動の間，「近代的」は反伝統主

義・反儒教であり，現実の社会に直面することを意味した。保守的で回顧的な過去指向型社会との対比をするために「現在指向型社会」という用語が使われた。というのも，五四運動の言語および文学改革運動が行なわれるまでは，中国文学は儒教的倫理道徳の美化，追憶と感傷によって支配されていたのである。

　言語改革は1910年代初頭に始まり，1919に展開された五四運動でクライマックスを迎えた。五四運動まで，中国語には二つの形式──「文言文」と「白話文」が存在した。「文言文」は書き言葉であり，「白話文」は口語である。文法構造や語彙は，書き言葉の「文言文」と話し言葉の「白話文」では完全に異なっていた。文言文は古典的で，「学者にしか理解できない秘密の古典的な書き方」[Schwartz 2002：97]である。いわゆる知識人は，文言文を読むだけでなく，書くこともできなければならず，それには膨大な時間と教育が必要であった。

　新しい知識人たちは，複雑な文構造，古代の語彙，難解な正書法のために知識人の思考能力を制限する障害として文言文を批判した。五四運動のリーダーである胡適は，人々が容易に識字を習得できるよう，現実の生活や社会から切り離されていた難解で古典的な「文言文」を廃止し，書き言葉と話し言葉を一つの形式に統一するよう呼びかけた[Hu 1991]。「文言文」廃止の動きはたちまち全国に広がった。言語改革は，中国独特の視点から「近代性」を捉え，デューイの自由と民主主義思想を実践した。他方では，これらの提案は中国独特の「現在指向」の近代性へのアプローチであったと言えよう。1910年代後半および1920年代には，「近代性」は儒教の過去指向に対しての反動，現実の社会問題への関心，そして国の未来を模索する前向きな探求を意味した。したがって，言語改革は「近代性」への第一歩であり，古典言語は教育の普及と社会進歩の主要な障害であると考えられた。言語改革は新しい中国知識人，新しい中国の若者，そして新しい作家の出現を可能にしたのである。

　そのような中，個人主義と主観主義が中国の文筆に現われ始めた。古典文学は儒教の道徳説教の言説で満たされており，作家の個性，人生経験，感情はそこから排除されていた。古典的な作家にとって，書く目的は一般に儒教

の倫理と道徳を説くことであり，これらの古典は儒学者が読むために書かれた。しかし，新しい作家たちにとっては，書く目的は人々を啓蒙し，中国社会を救うことであった。

　新しい中国知識人の言語改革への奮闘は大成功を収めた。1921年1月，教育省は学校での文言文の使用を廃止した。文言文の代わりに，話し言葉であった白話文が，書き言葉と話し言葉の両方で国語となった。この言語改革運動の意義は，長い中国の歴史において国語の出現を促したことである。これにより，中国人は同じ言語で考え，話し，書くことができるようになり，新しい帰属意識と国家の集団的アイデンティティを概念化する方法を持ちあわせることになった。

4　時代に翻弄される現代中国知識人

　1949年に成立した中国政権は国有化プログラムを開始した。土地，工場や銀行が公有または国有となり，私有財産はすべて政府に没収された。全人民が政府または公共のために働くことが期待され，知識人も例外ではなかった。知識人の「国有化」は「知」の本質的な変化を伴うものであった。「公僕」となった知識人は，「体制の真実」，すなわち政府によって生み出された「知」と「真理」を語ることが期待された。そのような「知」と「真理」に疑問を投げかけることは禁じられた。

　毛沢東政権は中国が社会主義社会，人民共和国であると主張した。社会主義社会が何であるかについて議論するのは本稿の意図ではないが，まさにホワイト［White 1989］が指摘したとおりに，党の指導者たちが主張したような社会主義は歴史的理論や科学的根拠に則ったものではなかった。指導者たちは一貫したイデオロギーを持ってはおらず，実際には特定の共産主義や社会主義を信じていないであろうと思われる。共産主義や社会主義の主張は，単に人々を統治する党の行政技法に過ぎない。さらに，統治技法は異なる体制，たとえば毛沢東政権，鄧小平政権，鄧小平政権後の体制では，完全に途切れている。以下本稿においては，1949年以降の中国社会改革における中国知識人についての分析を試みる。まず1950年代に行なわれた社会階級分類運動と，

「既紅又专（思想面でも社会主義的自覚に優れ，業務能力の面でも専門技術に精通している）」の「赤い」知識人と，そうではない「白い」知識人，のラベルを読み解く。次に，1960年代から1970年代にかけて行なわれた，知識人を批判の対象とした大衆運動について考察する。さらに，毛沢東政権の後に取られた「経済的に優先された」知識人政策を検証する。

(1) 1950年代初頭から中盤までの統制法――階級分類

共産党が権力を握った直後，党の主席である毛沢東は，社会的地位に基づくグループをラベル付けする統治方法を取り入れた。すべての人々は，世帯の収入と教育の程度に応じて，固定されたタイトルの下に分類された。以下は，農村地域の階級ラベルである。

①極貧農民
②貧農
③下中農
④上中農
⑤富農
⑥地主

毛によれば，貧しい者はより高い社会的地位を持ち，より多くの恩恵を受けるべきであるという。一方，都市住民の階級ラベルは以下の通りである。

①プロレタリア
②労働者
③資本家
④プチブルジョワ（知識人）

プロレタリアは最高の社会的地位とみなされ，プチブルジョワ（知識人）は，前の時代とは異なり，最低の階級であった。

新中国が誕生してまもなく，デューイの思想が批判の対象となった。1955

年 5 月，全国月刊誌『中国教育』は，デューイのプラグマティズムを批判する社説記事を掲載した。その後，デューイは資本主義と米国帝国主義の象徴となった［Zhang 1955；Hu 1955；Chen 1955；Gao 1955；Jin 1955］。胡適も米国帝国主義の卑屈な追従者であると批判された。批評家は彼について以下の誤りを指摘し非難を加えた［He 1955；Sun 1955；Ma 1955］。

　　①反動的な哲学
　　②反マルクス主義
　　③誤った歴史観
　　④文学に対する誤った考え
　　⑤歴史的理想主義
　　⑥文学に対する誤った歴史観
　　⑦誤ったテキスト批判
　　⑧教育の破壊

　デューイの科学思想と民主主義思想は「偽科学」と「偽民主主義」とラベル付けされた。このような階級分類は，社会的地位に基づくグループを作り，「就職，住宅，サービス，教育や生活権において差別化を図り，新たな集団意識を生み出した」［White 1989：8］。毛は，「正しい政治的観点を持たない知識人は，魂がないのと同じである」と主張し，さらに，「しばしば主観的で個人主義的で，考えが非現実的で，行動が優柔不断……」と知識人階級全般を批判した［Schell 1994：106］。階級の悪い人々，たとえば資本家やプチブルジョワ（知識人）は，プロレタリア階級や労働者によって再教育される必要があるとされた。統治される対象者，すなわち「悪い」階級に分類された者たちは，自己規制のために，自分たちの階級ラベルについて強く自覚する必要があった。

(2) 1950 年代半ば以降の統制法――分離と分割
　毛沢東が，新しい中国において近代化と工業化が重要な問題であることを認識するのに時間はかからなかった。毛は，「農民の教育」を「中国が農業国

から工業国へと変貌するために戦わなければならない深刻な問題」であると特定した［Schram 2002：345］。知識人を統治する毛のテクノロジーは，一部の知識人を中国の近代化を率いる鍵となる人物として利用することへと移っていった。毛は知識人を二つのグループ，一つは「赤」もう一つは「白」に分類した。「赤」の知識人は再教育を経て「プロレタリア」の意識を持ち，毛の思想が西洋思想よりも優れていると称賛する意思がある者を意味する。この統治手法について，ゴールドマンは以下のように述べている。

> 学問は純粋に機能的なものとして扱われ，工業および農業生産と調和していた。科学と工学の重要性は，社会科学と人文科学との関係でさらに高まったが，科学者や技術者でさえも，一般の農民や労働者の成果から学ぶよう命じられた。学術的基準は低下させられた近代化に不可欠な数学と科学理論の研究は軽視され，技術スキルの習得が優先された。
> ［Goldman 2002：350（筆者訳）］

一方で，「白」（右派）とラベル付けされた知識人は，毛沢東の権威に疑問を投げかけ，民主主義を訴えた者たちであった。毛による「白」の知識人への対応は，彼らを農村地区に「労働改造」のために送ることであった。このタイプの労働改造の戦略には手の込んだ仕組みが用意された。

> しばしば，幹部と右派が一緒に「下」に行くことがあった。たとえば，大学教授が小学校で床を掃くために送られた場合，彼は同じ大学から同じ小学校へ行った教育幹部によって同伴される可能性が高かった。この方法により，単独で送られた場合に比べて，右派が有する強い個性が与える影響力は少なくなった。［White 1989：127（筆者訳）］

1957年，毛沢東は学術機関に対して，教員の少なくとも5から7パーセントを「右派」とラベル付けするよう命じた。約55万人の学者が「右派」とラベル付けされ，農村に送られて「労働改造」を受けた。「右派」とラベル付ける基準は不明瞭で恣意的であった。「赤」と「白」に学者を分けることは，学

者たちに自分たちの間で争わせ，グループとしての力を弱める毛の戦略でもあった。グループを二つに分断し，互いに対立させることは，毛の好む統治法の一つであった。これはすべての権威主義者に共通する統治戦略である。1966 年に始まった文化大革命では，「読書無用論（知識は役に立たず勉強不要）」，「不学 ABC（外国語を習得する必要がない）」などの政策が政治的に推し進められ，儒教や孔子の思想は徹底的に批判され，教師の高い社会的地位も剥奪された。このとき，中国の教育は，徹底的に破壊されたといえる。文化大革命期間中には，「革命教育」と「学制短縮」といった誤った教育政策によって小学校から高校までのすべての学校の学制が短縮され，中等教育の仕組みが単一化された。職業高校，農業高校，成人教育機構がすべて閉鎖された。このときの教育は，教育の理念によってではなく，政治的闘争に支配された教育であったといえよう。

　この時期，知識人は「臭老九（9 番目の鼻つまみ者）」と呼ばれた。文化大革命中，知識人は軽蔑され，地主・富農・反革命分子・悪質分子・右派分子・裏切り者・スパイ・資本主義の道を歩む者の後に位置する「臭老九」となり，その社会的地位は最も低い位置に置かれた。学校の指導幹部は「反動分子」，「反革命修正主義者」，ベテラン教師は「反社会的な学術権威者」，優秀な若手教師は「修正主義の卵」，そのほかの教職員は皆「ブルジョア知識人」と陥れられ，批判，闘争，差し押さえ，家財没収，強制労働の対象となり，教育者すべてを人民の敵とする，いわゆる「プロレタリアート独裁」が横行した。教師，特に学術研究面で有能な専門家や教授たちが厳しく弾圧され，多くの教師が批判と闘争にさらされたのち，農村に追いやられた。

　教育者批判運動は文化大革命期間中にますます激しくなっていった。毛は大衆，たとえば労働者や学生を動員して，学者を批判し攻撃するように人々に促した。一部の現代中国の歴史家によると，1966 年から 1976 年の文化大革命期間中に大衆攻撃による死者数は約 2000 万人に達した［Song 2006 を参照］。さらに，1978 年 12 月 18 日から 12 月 22 日に開催された中国共産党第 11 回中央委員会第 3 回全体会議でも，大文化革命中に 400 万人以上が攻撃され殺害されたことが認められた。

　毛はどのようにして多くの人々を動員できたのか。彼の戦略は，大衆に

とっての想像上の敵を作り出すことであった。毛は「卑賎者最聡明，高貴者最愚蠢（卑賤なるものが最も賢く，高貴なるものが最も愚かしい）」と主張し，しばしば，「すべての知恵は大衆から来る」「知識人は最も無知である」「知識人は大衆を見下している」などと反知性主義的な発言を繰り返していた。フーコー［1994：172 - 173］による権力分析は，毛のこの統治戦略をよく説明している。

> 主権者＝君主はそこでは生に対するその権利を，ただ殺す権利を機能させることによって行使するか，あるいはそれを控えるかである。彼は生に対する彼の権力を，彼が要求し得る死によってのみ明らかにする。「生と死の」という形で表わされている権力は，実は死なせるか，それとも生きるままにしておくかの権利である……このような死に対する途方もない権力は——そしてこれが権力にその力の重要な部分と，またその限界をあれほどまでに拡張したその厚顔無恥を可能にしているものだが——今や生命に対して積極的に働きかける権力，生命を経営・管理し，増大させ，増殖させ，生命に対して厳密な管理統制と全体的な調整とを及ぼそうと企てる権力の補完物となるのである。戦争はもはや，守護すべき君主の名においてなされるのではない。国民全体の生存の名においてなされるのだ。住民全体が，彼らの生存の必要の名において殺し合うように訓練されるのだ。

毛の統治戦略は，大衆に知識人が敵であり，すべての不平等と不正義が知識人によって引き起こされたと信じさせることであった。毛は科学技術を利用して国をさらに工業化したが，同時に学者を大衆の敵と位置づけた。約１世紀前に著名な中国の思想家であり，作家でもある魯迅は次のように書いている。「かつて，人々を完全に抑圧することに成功した国の支配者たちは，それでもなお人々を最も危険な敵とみなしていた」。「人々」を「知識人」に置き換えると，これは毛沢東政権の評価に完全符合する。

(3) 鄧小平の体制——経済的に優先された知識人

　1989 年の天安門広場での虐殺は，毛沢東の後の体制にとって大きな転換点であった。毛の後継者である鄧小平は，1990 年代初頭に近代化のための経済プログラムを開始した。以下は鄧小平のよく知られた三つのスローガンである。

　　①富を得ることは栄光である！
　　②まずは一部の人々を先に富ませよう！
　　③一国二制度！

　鄧小平によれば，最後のスローガン「一国二制度！」は，中国が「人類が達成したすべての文明の成果に大胆に注意を払い，吸収しなければならない……他者によって開発されたすべての先進的な運営モードと管理技術，先進資本主義国のものを含むという意味である」［Schell 1994：345］。中国の経済改革は，その社会主義システムの性質を変えることを意図していなかった。つまり，政治的には社会主義を堅持しながら経済的には資本主義社会の運営方法を取り入れることが目指されていた。鄧小平の経済改革により，中国は知識人エリート，特に西側で学んだが天安門広場での虐殺のために中国を逃れた者たちの専門知識にますます依存するようになった。2013 年に中国国務院は，以下のことについて話さない限りにおいて，知識人が中国に戻ることを歓迎すると発表した。

　　①普世价值不要讲（人類の普遍的価値）
　　②新闻自由不要讲（報道の自由）
　　③公民社会不要讲（市民社会）
　　④公民权利不要讲（市民の権利）
　　⑤中国共产党的历史错误不要讲（党の歴史上の誤り）
　　⑥权贵资产阶级不要讲（特権貴族的資産階級）
　　⑦司法独立不要讲（司法の独立）

まず1番目は，人類の普遍的な価値である。具体的には，西欧で生まれた「自由，平等，博愛」の思想である。2番目は新聞，テレビなどの報道の自由である。3番目は，市民社会の実現を意味するが，中国にはそもそも市民という概念はない。4番目は，市民の権利である。5番目は，党の歴史的な誤り（大躍進，文化大革命や天安門事件など）に関する否定である。6番目は特権階級の問題で，つまり共産党自らが，自分自身は特権階級であると認めていると取ることができる表現である。7番目は，司法の独立である。

　この方針は「7不講（七つの禁句ポリシー）」と呼ばれている。毛沢東は1957年に「正しい政治的見解を持たないことは，魂がないのと同じである」と述べた。皮肉にも，毛沢東の後の体制は，批判，民主主義などを抑制することで，中国の知識人に魂を持たせないようにしようとした。知識人が「七つの禁句ポリシー」に従う限り，彼らはより多くの研究資金，ビジネスチャンス，そして政府高官になる機会を通じて，「先に富を得る権利を持つ人々」のグループに自らを登録することができた。これは，政府を批判しない限り，富を得るチャンスがあることを意味している。

　一方で，これら七つのトピックのいずれかについて話す知識人やその他の者は「精神的汚染」とラベル付けされる。西洋の立憲民主主義の推進は，「精神的汚染」とみなされる。なぜなら，中国政府はそのような推進が人々に彼らの社会的，経済的，政治的現状を検証させ，政府権力を脅かす可能性があると信じているからである。そのために，亡命させられるか投獄される知識人がいる。「知識人に対するアメとムチの政策」は，毛沢東の後の体制によって取り入れられた統治技法である。西洋の技術は中国政府の「欲しいものリスト」に含まれているが，西洋の思想はそうではない。しかし，中国政府が見落としているのは，西洋の技術が西洋の思考方法と西洋の推論システムを伴っているという事実である。タヴァレス［Tavares 2016］が指摘するように，「学術知識は，研究対象から知識を生み出す際の特定の視点を正当化する」のである。

5　おわりに

　本稿では，中国の知識人が儒教の学者から近代の個人へ，そして「偉大な」知識人から体制の下僕へと変貌した過程を検証した。これは，変化する社会政治的条件下では「真理」と「知」が異なる概念であることの実証でもある。また，過去 2 世紀にわたる中国語と文学の改革運動および西洋化は，儒教の正統性に挑戦する代替的な「真理」と「知」の概念を提供し，浸透することの可能性に中国人が新たに目覚めた過程でもあった。これらの新しい視点は，独特でありながらハイブリッドな中国の知識人アイデンティティの形成に貢献したと言えよう。

　本稿は，まず儒教における知識人の構築プロセスと，デューイの思想が儒教の知識人に社会政治的役割を自覚した知的活動を求めたプロセスについて検討した。知識人の概念は，1910 年代後半から 1920 年代初頭にかけて劇的に変化した。知識人であることは，学者としての地位や政治的関与の俗物性から自由であることを意味するのではなく，社会や政治を批判し，様々な改革運動で主導的な役割を果たす能力を付与するものとなった。

　次に，知識人の間で生まれた新たな動きとして，言語と文学を改革しようと努力した過程を明らかにした。言語と文学は単に単語，フレーズ，文法としてだけでなく，すべての社会的，政治的，歴史的言説の影響として理解されなければならない。改革された言語と文学は，中国人に新たな理由付けと思想伝達の新しいツールを提供した。新しい知識人は，この改革された言語を使用し，新しい文学を創造して，儒教の物語とは異なる新しい物語を語り始めた。新しい物語は，新しい「真理」と「知」を語り伝え，中国特有の近代性の概念を言説的に構築した。

　中国特有の文化的，社会的，政治的状況が，中国における個人，共同体，進歩，変化の概念を構築した。中国における個人とは，自律性よりも個人の権利に焦点が当てられたものであった。中国の言説において，共同体は全体主義的な組織を意味し，したがって西洋の言説で概念化された共同体とは異なっていた。中国の進歩の概念は，啓蒙と文明のヨーロッパの理想には含ま

れず，むしろ中国に広範な変化と不連続をもたらした文化大革命に含まれていた。

　最後に，毛沢東政権とその後の指導者によって用いられた，知識人を統治する技法の変遷を解明することを試みた。中国の近代性の問題は本質的に政治的であり，多面的な性質を示している。一方で，進歩主義と保守主義の合成として概念化されると，近代性は進化論と進歩の概念，絶対権威の拒絶，科学技術の進歩への尊敬を体現する。その結果，知識人はこの枠組み内で西洋の技術専門家として認識される。他方で，近代性が中国と西洋の要素の融合として認識される場合，西洋の近代性は西洋の文明，統治構造，生活様式の同化として解釈される。このタイプの中国の近代性は，毛沢東政権期およびその後に普及した。この枠組み内における中国の知識人の構築は，中国の近代性の概念と知識人の概念の両方を形作り，それらをハイブリッド化し結びつけた。

　権力と知について議論するには，懐疑主義的な思考が必要である。革新のように見えるものが，実際には支配的な権力の再確立であるかもしれない。どの行動が「抵抗」であり，どの行動が「順応」であるかを予測することはできない。権力関係は，時には矛盾する形態の権力が作用している可能性があるという前提で慎重に分析されなければならない。あらゆる知識が危険である可能性があることを認識しなければならない。「知」は権力の効果であり，権力が「知」を生み出し，「知」が普遍的で不変であると仮定することは危険である。「真理」と「知」は，権力関係が変化するときに常に再形成され，再構築される。

　本文で見た中国における知識人の形成過程が一つの自明な知見を再度示した。知識人は「真理」や「知」を語るにあたり，常に次の二つのことについて自問自答することが求められる。①体制側（regime）の「真理」や「知」を語っていないか，②語っている「真理」や「知」はどのようなプロセスを経て形成されたか。そして，教育者にとって最も重要な役割が二つある。①学習者に懐疑主義的な思考方法を伝授すること，②学習者の「正しい」質問をする能力を養成すること。「正しい」質問をしない限り，正しい「答え」を得ることはできないであろう。

■引用・参考文献

戚傑（2022）「ポストコロニアルの視点から多文化主義，多文化共生と多文化教育を考える」丸山剛史編『グローバル化と外国人児童生徒教育』一藝社，91‐107頁．

スマート，バリー（1994）『ミシェル・フーコー入門』山本学訳，新曜社．

フーコー，ミシェル（2020）『監獄の誕生――監視と処罰』田村俶訳，新潮社．

―――（1994）『性の歴史Ⅰ 知への意思』渡辺守章訳，新潮社．

―――（2006）「ニーチェ，系譜学，歴史」伊藤晃訳・小林康夫・松浦寿輝・石田英敬編『フーコー・コレクション3 言説・表象』筑摩書房，349‐390頁．

Chen, S. (1955) "Duwei de fandong sixiang zai xinlixue shang suo biaoxiang de liangge lizi (Two examples of Dewey's reactionary thoughts on psychology)," *Gushi Kao*（*Ancient Historical Review*）, Vol. 2, pp. 385-388.

Eisenstadt, S. (2003) *Comparative civilizations and multiple modernities*, Vol. I. Leiden: Brill.

Foucault, M. (1976) "Two lecture," C. Gordon eds., *Power/knowledge: Selected interviews & other writings 1972-1977*, New York: Pantheon Books, pp. 78-108.

―――（1977）*Discipline and punish*（A. Sheridan, Trans.）, New York: Pantheon Books.

―――（1978）*The history of sexuality: An introduction*（R. Hurley, Trans.）, New York: Random House.

―――（1985）*The use of pleasure*（R. Hurley, Trans.）, Vol. 2 of *The History of sexuality*, New York: Random House.

Gao, Y. (1955) "Shiyong zhuyi de fandong sixiang benzhi (The reactionary thoughts of Pragmatism)," *Gushi Kao*（*Ancient Historical Review*）, Vol. 2, pp. 541-544.

Goldman, M. (2002) "The patty and the intellectuals: Phase two," M. Goldman and L.O. Lee eds., *An intellectual history of modern China*, Cambridge: Cambridge University Press, pp. 349-394.

He, P. (1955) "Hu Shi zai duidai woguo wenhua chuantong zhong de diguo zhuyi nucai mianmu (Hu Shih—servile follower of the imperialism: Destroying our cultural tradition)," *Gushi Kao*（*Ancient Historical Review*）, 2: 313-324.

Hu, Q. (1955) "Shiyong zhuyi pipan (Critique of Pragmatism)," *Gushi Kao*（*Ancient Historical Review*）, Vol. 2, pp. 287-294.

Jin, Q. (1955) "Pipan shiyong zhuyi de Duwei de shijieguan (Critique of Dewey's pragmatism)," *Gushi Kao*（*Ancient Historical Review*）, Vol. 3, pp. 113-136.

Hu, S. (1991) *Shiyong rensheng: Hu Shi suixianglu*（*Pragmatism and life: The essays of*

Hu Shhi), Guangzhou, China: Huacheng.

Ma, T. (1955) "Shiyong zhuyi ― zui chenfu, zui fandong de zhuguan weixinlun (Pragmatism― the most commonplace and reactionary subjective idealism)," *Gushi Kao (Ancient Historical Review)*, Vol. 2, pp. 9-28.

Popkewitz, T. and M. Brennan (1997) "Restructuring of social and political theory in education: Foucault and a social epistemology of school practices," *Educational Theory*, Vol. 47, No. 3, pp. 287313.

Qi, J. (2005) "A history of the present: Chinese inllectuals, Confucianism and Pragmatism" T. S. Popkewitz ed., *Inventing the modern self and John Dewey*, New York: Palgrave Macmillan, pp. 255-277.

――――― (2022) "Hybridization, Classification and Transformations of Multiculturalism and Multicultural Education," W. Zhao, T. Popkewitz and T. Autio eds., *Epistemic Colonialism and the Transfer of Curriculum Knowledge across Borders: Applying a Historical Lens to Contest Unilateral Logics*, New York/London: Routledge, pp. 197-213.

Schell, O. (1994) *Mandate of heaven: A new generation of entrepreneurs, dissidents, bohemians, and technocrats lays claim to China's future*, New York/London: Simon & Schuster.

Schram, S. (2002) "Mao Tse-tung's thoughts to 1949," M. Goldman and L.O. Lee eds., *An intellectual history of modern China*, Cambridge: Cambridge University Press, pp. 267-348.

Schwartz, B. (2002). "Themes in intellectual history: May Fourth and after," M. Goldman and L.O. Lee eds., *An intellectual history of modern China*, Cambridge: Cambridge University Press, pp. 97-141.

Song, Y. (2006) *Moutakutou no bunnkaku daigyakusatsu: Fusatsusareta gendai tyugoku no yami wo kensyo (Massacres During Caltural Revolution)*, Tokyo: Hara Shobo.

Tavares, H.M. (2016) *Pedagogies of the image: Photo-archives, cultural histories, and postfoundational inquiry*, Springer.

White, L.T. (1989) *Politics of chaos: the organizational cause of violence in China's cultural revolution*, Princeton: Princeton University Press.

Zhang, P. (1955) "Xuezhe"―zhengzhi yinmoujia―Hu Shi zai sixiang shang he zhengzhi shang de fandong benzhi ("intellectual"―political intrguer―Hu Shih's reactionary philosophical and political nature," *Gushi Kao (Ancient Historical Review)*, Vol. 1, pp. 391-400.

第Ⅲ部

グローバルな倫理をめぐる研究課題を考える

第9章
権威主義体制を支える民主主義体制
―― 石油貿易と政治体制 ――

松尾昌樹

1　石油の呪いモデル

　石油を多く産出する国はそうでない国に比べて，紛争が発生しやすい。また，多くの産油国は民主主義の水準が低い。産油国でしばしば見られるこうした現象は「石油の呪い」として知られており，この現象を表題として2012年（邦訳は2017年）にマイケル・ロスによって著わされた『石油呪い――国家の発展経路はいかに決定づけられるか』で広範かつ丹念に論じられている。しかし，ロスの著作以前から石油の呪いは経験的に広く知られていた。そもそも，世界でも傑出した産油地域である中東では多くの国が紛争に見舞われており，また多くの国で民主化が進展していないことは周知の事実であった。こうした事実に対して，識者の多くは大国が石油目当てに中東の紛争に介入した結果だと論じてきた。また，中東地域を代表する宗教であるイスラームが民主主義を抑制する傾向があるためだと論じられることもあった。

　今日では，こうした見解は否定されている。石油が紛争の原因となるのは，大国の介入のせいではなく，それが略奪しやすく，武装勢力の資金源になりやすいからである［Lujala 2010］。中東で民主主義が定着しないのはイスラームのせいではなく，石油収入という新たな歳入源を得た政府が減税を実施し，それを国民に配分することで国民から支持を調達可能となり，また納税者と

しての国民の発言権が低下するためである［松尾 2010］。さらに，石油の富に惹きつけられた移民労働力と国民の間に大きな賃金格差がある二重労働市場を生み出すことで，低賃金・低待遇労働を移民に押し付け，国民の不満を低減させているからである［Mehlum, Moene and Ostenstad 2016］。石油の呪いに関するこれらの新たな知見はいずれも国家や社会をモデル化して分析した成果である。

　モデルとは，複雑な現実を簡単な仕組みに置き換えたものを指す。自然環境でも，人間社会でも，現実は非常に複雑でその運動や変化をすべて説明することは人間にはおそらく不可能である。しかし，この仕組みのいくつかの主要な要素を用いて現実を再構成する，つまりモデルを作ると，そのモデルを使って現実をある程度再現可能となり，現実の変化を予想できることがある。このため社会科学の一部はモデルを積極的に利用する。モデルの表現形式はさまざまだが，予測に優れているために数式が用いられる。ロスは石油の呪いを比較的単純な数式で表現しており，たとえば石油収入が民主主義の水準に与える効果を表わした基本モデルは，以下の通りである［Ross 2012：99＝ロス 2017：126］。

$$\text{民主主義の水準} = 0.620 \times 1\text{期前の民主主義の水準} + 0.508 \times 1\text{期前の国民所得（対数値）} - 0.165 \times 1\text{期前の石油収入（対数値）} + 誤差 \quad (1)$$

　上記のモデル式（1）に記されている民主主義の水準は，具体的な数値で表現される。民主主義を数値化することは可能なのかと不思議に思う読者もいるかもしれない。しかし，我々は日常的に，A国はB国よりも民主主義が定着しているといった表現を行なう。そこでは数値化はされていないかもしれないが，こうした表現はわれわれが民主主義の水準を比較可能なもの（A国＞B国）として捉えていることを示している。こうした認識に基づいて，いくつかの研究機関が各国の報道の自由や選挙の実施状況などの数多くの項目を調査し，その結果を数量化してより明瞭に比較可能な指標として数値化している。研究者がよく使用する指標には，ポリティ5（https://www.systemicpeace.org/inscrdata.html），V-Dem（https://v-dem.net/），フリーダム・スコア（https://

freedomhouse.org/report/freedom-world）などがある。ロスが使用しているのはポリティ 5 の前のバージョンのポリティ 4 に含まれるポリティスコアである。民主主義の水準や国民所得，石油収入の値にはさまざまな研究機関が作成している数値を投入するが，0.620 や 0.508 といった値（係数）は，コンピューターを使って推定する。また，モデルでは現実のすべてを予測できないので，あらかじめ誤差項の e を含んでいる。これらの係数を推定する方法にはさまざまあり，その説明には専門的な内容が含まれるので，ここでは省略する。いずれにせよ，こうした分析方法は計量分析と呼ばれ，政治学や経済学，社会学で広く使用されている。

　なお，上記の民主主義の水準に関する指標は，民主主義の水準が最も高い状態と最も低い状態が一つの線の上に並んで配置されているように作成されている。政治学では，民主主義の対概念（つまり民主主義の水準が低い状態）として権威主義が用いられている。ここでは権威主義と一言でまとめているけれども，実際には民主主義と同様にさまざまな形態がある。また近年では権威主義体制国のほうが民主主義体制国よりも経済成長率が高く，保健衛生管理能力が高いこと（たとえば新型コロナウィルスの死者数は権威主義国のほうが少なかった）が知られており，それゆえ権威主義を単純に批判の対象として扱うべきではないという考え方もある。権威主義体制をわかりやすく解説した近年の著作では，［フランツ 2021］がある。

　さて，上記のモデルに日本の数値を代入して 2005 年の民主主義の水準を予測すると，95％の確率で 9.59 から 13.02 の間の値になると推定される。この時の現実の日本の民主主義の値は 10 なので，予測は正確である。この時の日本に同年のノルウェーと同程度の石油収入（対数値で 8.544）があるという架空の状態を設定して日本の民主主義の水準を 95％範囲で予測すると，その下限値は 7.70 にまで低下する(1)。7.70 という数値は，同年のコロンビア（7.80）やドミニカ（7.45），スリランカ（7.75）に該当する。つまり，日本は先進国の民主主義国グループから外れると予測される。これが，モデルを使って計測された石油の呪いである。このように，石油の呪いをモデルとして捉えると石油収入の規模が変化したときの民主主義の水準への効果を予測することができる。

2　貿易，経済成長，民主化

　ロスはまた，その国の民主主義の水準に対する経済的豊かさの効果が2種類に分解できることを発見した。かつては，経済的豊かさは民主主義の水準に正の効果を持つと信じられていた。データの裏付けによってこれを証明しようとする試みは数多くなされてきたが，はっきりとした結論には至らなかった。たとえば，41年間の141か国を対象に分析を行なったプシェヴォスキらの研究は，民主主義が経済的に豊かな国で維持されやすいことを明らかにはしたが，民主主義的ではない国が経済的に豊かになれば民主化するかどうかは明らかにできなかった［Przeworski et al. 2000］。この問題に対するロスの貢献は，上記の数式（1）の右辺に現われている。すなわち，ロスは単なる経済的豊かさと石油収入を分けて考えるべきだ，と主張したのである。国民所得の係数が＋0.508で石油収入の係数が－0.165であることからわかるように，この二つの要素は相反する効果を持つ。ある国が経済的に豊かで同時に豊かさの多くが石油から得られている場合には，この経済的豊かさが民主主義の水準に及ぼす正の効果は石油の負の効果で相殺されると，この数式は説明している。プシェヴォスキ等の研究は経済的豊かさの分解を行なわずに相殺された効果を投入していたので，経済的豊かさが政治体制に及ぼす効果を適切に分析できていなかったのである。

　同様のことは民主主義と貿易の関係についても言えるかもしれない。これまでの研究では，民主主義は二国間の貿易量の増加に正の効果を持つと主張する研究者もいた。これは，情報の透明性と人や物の移動を阻害しない制度を持つ傾向にある民主主義の進展は，貿易活動に好条件を提供するので，貿易量の増加を促すという推測に基づいている。しかし，これまでの研究では見解が分かれる。民主主義と貿易量の間に有意な正の関係が見られることを報告する研究もあれば［Eichengreen and Leblang 2008］，民主主義の効果は存在しないことを報告する研究もある［Balding 2011］。これまでの研究ではっきりとした結論が得られなかったのは，プシェヴォスキらの研究の場合と同様に，石油とそれ以外の富を区別していなかったからかもしれない。すなわ

ち，石油貿易には輸出国を権威主義化する効果があり，輸入国を民主主義化する効果があることが証明されれば，この問題は解決できるかもしれない。

3 重力モデル

本稿では，二国間の貿易量を予測するモデルである重力モデル［Tinbergen 1962；Anderson and Wincoop 2003；Santos and Tenreyro 2006］に政治体制の変数を投入して分析することで，二国間の貿易量と政治体制の関係を明らかにする。重力モデルの基本的な表現は以下の通りである。

$$logTrade_{ij} = \beta_1 logGDP_i + \beta_2 logGDP_j + \beta_3 logDIST_{ij} + e \tag{2}$$

ここで，$Trade_{ij}$ は輸入国 i と輸出国 j の間の貿易量，GDP は i 国と j 国の国内総生産，DIST は i 国と j 国の間の距離を表わす。log の表現がついているのは，これらの数値が対数化されていることを示している。e は誤差項である。β はそれぞれの変数の係数を示す。この係数は，二国間の経済規模が大きければ貿易量も増加するが，距離が遠ければそれだけ貿易量が減少するという関係を表現している。この関係は，二つの天体の間に生じる重力の関係——重力の大きさはそれぞれの天体の質量と距離で説明される——に似ているので，重力モデルと呼ばれる。ただし，貿易量には両国の経済規模と距離だけでなく，貿易協定の有無，歴史的な二国間関係（植民地支配／非支配の関係），文化的類似性（母語の共通性）等も影響すると想定されるので，実際の分析にはこれらの要素が投入されたモデルが使用されることが多い。ここでは二国間の民主主義の水準と貿易量の関係に関心があるので，上記の変数に加えて各国の民主主義の水準を投入する。これらの変数を用いたモデルは以下のように表現される。

$$\begin{aligned}logTrade_{ij} = &\beta_1 logGDP_i + \beta_2 logGDP_j + \beta_3 logDIST_{ij} + \beta_4 Polity_i + \beta_5 Polity_j \\ &+ \beta_6 Contig_{ij} + \beta_7 Comlang\_off_{i,j} + \beta_8 Comcol_{i,j} + \beta_9 Rta_{i,j} + \beta_{10} FE_i + \beta_{11} FE_j \\ &+ \beta_{12} YD + e \end{aligned} \tag{3}$$

Polity$_{i,j}$ はポリティスコアであり，Contig$_{ij}$ は二国が陸上国境を接しているか否かを示すダミー変数，Comlang_off$_{ij}$ は同じ公用語を使用しているか否かを示すダミー変数，Comcol$_{ij}$ は同じ国家によって植民地支配を受けた経験の有無を示すダミー変数，Rta$_{ij}$ は二国が同じ地域貿易協定に加盟しているかどうかを示すダミー変数である。FE$_{i,j}$ は輸出国と輸入国の固定効果を示すダミー変数であり，YD は年ダミーである。

　なおダミー変数とは通常は 0 か 1 の値を取る変数で，モデルの中では係数の値を結果に反映させる／させないという機能を持つ。たとえば，石油貿易に上記のモデル式（3）を当てはめて分析すると，Contig$_{ij}$ の係数は 0.258 と推定される。i 国と j 国が陸上国境を接している場合には Contig$_{ij}$ に 1 が代入されるので，これは貿易量に 0.258×1 の効果を持つことになる。今回の分析では石油貿易量の単位は 100 万ドルなので，石油輸出国と輸入国が陸上国境を接していれば貿易量が 25 万 8000 ドル分増加することを意味する。また固定効果とは，観察対象が持っている時間の変化に影響されない特徴であり，なおかつモデルに含まれる他の変数で説明できていない特徴――たとえばその国が積極的に貿易を推進するような文化的背景を有する場合にはそのような特徴――の効果を推定するために投入されている。

　本モデルによって推定された石油輸入国と石油輸出国のポリティスコアの係数（β_4 と β_5）を参照することで，二国間の政治体制の効果を確認できる。β_4 と β_5 の符号は正か負のいずれかを取るので，その組み合わせは 4 種類である（表1）。この組み合わせの中で，β_4 の符号が正であれば輸入国のポリティスコアが大きいほど（つまり民主主義的であるほど），そして β_5 の符号が負であれば輸出国のポリティスコアが小さければ（つまり権威主義的であれば），より権威主義的な産油国の石油をより民主主義的な国が輸入していることを意味する。すなわち，分析結果が**表 1** の右上のセルであれば，本稿が提示する法則の正しさが証明される。

　本稿で使用するデータは，次の通りである。石油貿易額については，石油と似た効果を持つことが知られていることから，本稿では石油貿易額と天然ガス貿易額を合算して石油・天然ガス貿易額とする。これらの貿易額は国連が作成している国際的な貿易統計である UNComtrade から得た［United

表1　予想される係数の符号の組み合わせとその意味

		β_5（輸出国のポリティスコア）	
		正	負
β_4（輸入国のポリティスコア）	正	輸出国と輸入国がともに民主主義的な場合に貿易量が増える	輸入国が民主主義的で，輸出国が権威主義的な場合に貿易量が増える
	負	輸入国が権威主義的で，輸出国が民主主義的な場合に貿易量が増える	輸出国と輸入国がともに権威主義的な場合に貿易量が増える

Nations 2021]。その際，商品コード 33101 を石油貿易額，同じく 3411 を天然ガスの貿易額とした。ポリティスコアは－10 から 10 の 21 段階で作成されているが，負の値を回帰分析に投入すると推定された係数の解釈が困難になるため，本稿では 1 から 21 の 21 段階に再指標化して使用する。GDP は世界開発指標 [World Bank 2021] から得た。その他の変数は CEPII Gravity データセット [CEPII 2020] から得た。UNComtrade の最も古いデータが 1962 年であること，ポリティスコアの最新のものが 2018 年であることから，分析対象期間は 1962 年から 2018 年までとした。これに合わせ，GDP は 2018 年のドル価格（単位は 100 万ドル）とした。

　本稿のデータセットが含む観察数は，従来の研究で使用されたものよりもはるかに大きい。これまで使用されてきたデータセットの中で観察数が比較的大きなものは，23 万 4593 件からなるデータセット [Rose 2003] と，それを改良した 32 万 6483 件のデータセット [Balding 2011] であろう。これらのデータセットが扱うのは特定の商品ではなく，貿易額の合計である。それに対して本稿で使用するデータセットの観察数は最大で 97 万 3760 件である。観察数が多い理由は，本データセットが貿易額 0 のペアを含んでいるためである。ある輸入国・輸出国のペアの間での貿易量に与える諸要素の効果を明らかにするためには，他のペアの間で生み出されている貿易量との比較が必要であり，この比較には貿易量 0 のペアも含まれなければならない。しかし，貿易統計は貿易が発生した場合にのみ記録が取られるので，貿易量 0 のデータは一般的には存在しない。このため本稿では，当該年に貿易統計に記載さ

れているすべての国からなるペアを潜在的貿易関係とし，潜在的輸出国と輸入国の間に貿易量が存在している場合にはその値を，そうでない場合には0を貿易量に書き込むことで石油貿易データセットを独自に作成した。本データセットには貿易量0の貿易関係が38万8302件含まれており，これは全観察数の約40％に達する。この膨大な貿易量0の観察を含まないと，分析結果に大きな歪みが生じる。一般に観察数の増加は推定値の精度を高めることに貢献するが，観察数の多いデータセットを作成することにはそれだけ多くの手間と時間が必要となる。近年ではコンピューターの計算速度が速くなっているので，観察数の大きいデータセットを使用するほうが望ましい。

4　分析結果

分析結果を図1に示す。本稿の関心は石油・天然ガスの貿易量と輸出入国の政治体制の関係にある。これを明らかにするためには，この関係が石油・天然ガス貿易に固有の現象なのか確認する必要がある。このため，ここでは石油・天然ガス以外の貿易総額を対象とした分析と，石油・天然ガス貿易の比較を行なった。また，同じ化石燃料である石炭貿易との比較を行なうことで，貿易量と政治体制の関係が石油・天然ガス貿易に特徴的な現象であるのか，それとも化石燃料貿易一般に見られる現象であるのか確認した。

分析ではすべての変数の係数を推定したが，図には本分析が関心を示しているポリティスコアの係数のみを示している。図は横軸で係数の値とその誤差の範囲を示し，係数が正に大きな値を取ると右に，負に大きな値を取ると左に示される。95％信頼区間が0をまたぐ場合，その変数の効果は正とも負とも判断できないと評価される。第1行と第2行は石油・天然ガス貿易を対象とした分析結果を示しており，輸入国のポリティスコアの係数の符号は正，輸出国は負である。この結果は本稿の予想と一致し，輸入国が民主主義的であればそれだけ，また輸出国が権威主義的であればそれだけ，石油・天然ガスの貿易量は増加することが確認された。第3行と第4行は石油・天然ガス以外の貿易額の総額を対象とした分析の結果を示しており，輸入国のポリティスコアの値が正，輸出国は負であるものの，輸出国の係数の95％信頼区

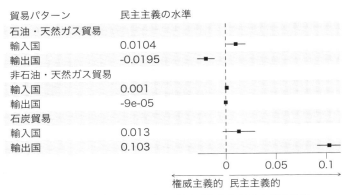

図1　貿易量（100万ドル）に対する民主主義の水準の効果

間が0を跨いでいるため，輸出国のポリティスコアは効果を持たないと判断される。-9e-05の「e-05」とは小数点の0が数多く並んだ時の表記法で，10のマイナス5乗，つまり-9から小数点がさらに左に五つ移動した値であることを意味している。石油・天然ガス以外の全貿易額においては，少なくとも輸出国の民主主義の水準は貿易額に影響を与えないことがわかる。第5行，第6行は石炭貿易を対象とした分析結果である。輸入国の係数の95％範囲は0をまたいでおり，また輸出国の係数は正の値を取ることから，石油・天然ガス貿易とは明らかに異なる結果を示している。

　これまでの分析結果は，民主主義の程度を計測する指標としてポリティ・スコアを使用したことが原因かもしれない。この問題は，モデルの頑健性と呼ばれる。モデルの頑健性とは，モデルに投入されるデータを変更しても似たような分析結果が得られる性質を指す。ある分析結果が，特定のデータを使用した場合にのみ確認できる場合，その分析結果は普遍性を持たない。普遍性を持たない分析結果は学問的には重視されない。本稿は政治体制を計測したデータとしてポリティ・スコアを使用した。この分析で得られた結果がポリティスコアを用いたときにのみ確認できるのであれば，その分析結果はポリティスコアというデータの個性を強く反映した結果であり，普遍性を持たない分析結果ということになる。この普遍性を確認するため，ポリティスコアの代わりにそれと類似する別のデータを使用して似たような結果が出る

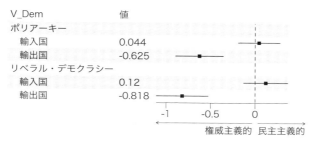

図2　頑健性チェック（V-dem）

かどうか確認する作業が必要となる。これを頑健性チェックと呼ぶ。ここでは，以下にポリティスコアに代えて V-Dem 指標のポリアーキー指標とリベラル・デモクラシー指標を使用して石油・天然ガス貿易の分析を行ない，モデルの頑健性を確認した（図2）。

　輸出国の符号が負で輸入国の符号が正という傾向は確認されたが，輸入国の民主主義の程度は0をまたいでおり，効果がないという結果が示された。この違いは，V-Dem とポリティスコアの分散の違いに起因すると考えられる。ポリアーキー指標とリベラル・デモクラシー指標の値はともにポリティスコアと比べて95％信頼区間の幅が大きい。これは V-Dem 指標の分散が大きいことを示しており，95％信頼区間が大きく推定されればそれだけ0をまたぎやすくなる。こうした分散に基づく違いを考慮すれば，頑健性チェックの結果はポリティ指標の結果と同様の結果を得たと判断される。

　石油輸出国で民主主義の水準が低く抑えられていること，つまり石油の呪いとは，石油輸入国で民主主義が高く維持されていることの対価である。石油貿易を経由して，規模の大きな石油輸出国がより権威主義的に，そして経済規模の大きな石油輸入国がより民主主義的になるという変化が車輪の両輪のように進展してきたのが，人間社会の経済発展と民主主義（そして権威主義）の発展の歴史の一つの特徴だといえよう。

5　今後の研究

　これまでの分析結果に基づいて，さまざまな議論が可能となる。そもそも民主主義はいかに維持されるべきか。石油輸入国における民主主義と経済発展が石油輸出国における民主主義の水準の低下をもたらすのであれば，果たして輸入国は今後も石油を輸入して経済成長を維持するべきなのか。そもそも石油輸出国の民主主義の停滞状況を当該国の伝統や文化で説明しようとすることは，その状況を生み出してきた石油輸入国の影響を隠蔽する行為ではないか。しかし，こうした議論は本稿の主旨から外れる。本稿の主旨は，モデルを使って現象を分析し，理解することにある。

　近年はデータサイエンスへの関心が高まっており，高校の科目にも「情報」が加わり，共通テストにも導入される。このような風潮の中で，モデルを構築してデータを分析する手法を，データサイエンスの潮流に乗った新しい手法のように感じる人がいるかもしれない。しかしそれは間違いである。本稿1で指摘した通り，計量分析は社会科学の中でこれまでも広く使用されてきた。たとえば，計量分析を学ぶ際におそらく最初に学習する「平均値の差の検定」は，1908年にゴセットが発表した論文で提示されている「t分布」に基づく［Student 1908］（論文は Student という偽名で発表された）。また，やはり計量分析の基礎である回帰分析は1886年のゴルトンの論文にさかのぼる［Galton 1886］。重力モデルのアイデアは本稿の3でも引用しているティンバーゲンの1962年の論文が嚆矢である。また，100か国以上を観察対象とする多国間比較は1990年代には珍しくなくなった。つまり，計量分析は特に新しいというわけではない。また，PCの価格は日々安くなっており，計量分析のためのアプリケーションもますます使いやすくなっている（本稿の分析のすべては，無料で利用できるプログラミング言語のRで行なった）。ただし，計量分析の技術を身につけるための障壁がかつてないほどに低下していることに目を向ければ，我々は学問の転換点にいると言える。

　ロスの「石油の呪い」研究も，また本稿で使用した重力モデルの分析も，世界中の国を対象に，多様なデータを投入して仮説を検証するという点で共

通している。このような仮説検証型の分析は，今後の社会科学の主流となっていくだろう。政治学でも社会学でも，検証されていない仮説は多い。今後は多くの人が計量分析を使って仮説検証に取り組んでいくだろうし，読者の中にもこれに挑戦する人が出てくることを期待する。

(1) ポリティスコアは-10から+10の間の数値をとり，正の方向に数値が大きくなればそれだけ民主主義が高い程度で定着していると解釈される。ロスは計算の都合上，この数値を1から10に変換して使用している。ここで計算した7.70という値も，ロスの調整済みポリティスコアの値である。
(2) リベラル・デモクラシー指標とは，民主主義の原則の一つである個人やマイノリティの権利の保護がどれだけ達成されているかを計測した指標である。ポリアーキー指標とは，民主主義の原則である選挙がどれほど透明に実施され，選挙を通じた競争が確保されているかを計測した指標である。

■引用・参考文献

フランツ，エリカ（2021）『権威主義――独裁政治の歴史と変貌』上谷直克・今井宏平・中井遼訳，白水社。

松尾昌樹（2010）『湾岸産油国――レンティア国家のゆくえ』講談社メチエ。

Anderson, J. and E. Van Wincoop (2003) "Gravity with Gravitas: A Solution to the Border Puzzle," *American Economic Review,* Vol. 93, No. 1, pp. 170-192.

Balding, C. (2011) "A re-examination of the relation between democracy and international trade," *The Journal of International Trade & Economic Development*, Vol. 20, No. 1, pp. 585-603.

CEPII (2020) Gravity (http://www.cepii.fr/CEPII/en/bdd_modele/presentation.asp), accessed 10 March 2024.

Eichengreen, B. and D. Leblang (2008) "Democracy and Globalization," *Economics & Politics*, Vol. 20, No. 3, pp. 289-334.

Galton, F. (1886) "Regression towards mediocrity in hereditary stature," *Journal of the Anthropological Institute of Great Britain and Ireland*, 15, pp. 246-263.

Lujala, P. (2010) "The Spoils of Nature: Armed Civil Conflict and Rebel Access to Natural Resources," *Journal of Peace Research*, Vol. 47, No. 1, pp. 15-28.

Marshall, M., Ted Robert Gurr, Keith Jaggers (2018) "Polity IV: Regime Authority Characteristics and Transitions, 1800-2018" (http://www.systemicpeace.org/inscrdata.html) accessed 10 March 2024.

Mehlum, H., K. Moene and G. Ostenstad (2016) "Guest workers as a barrier to democratization in oil-rich countries," Selvik, K. and O. U. Bjorn eds., *Oil States in the New Middle East, Uprisings and stability*, Routledge.

Przeworski, A., Michael Alvarez, Jos. Antonio Cheibub and Fernando Limongi (2000) *Democracy and Development: Political Insittutions and Well-being in the World, 1950-1990*, Cambridge University Press.

Rose, A. (2003) "Which International Institutions Promote International Trade?," *Review of International Economics*, Vol. 13, No. 4, pp. 682-698.

Ross, M. (2012) *The Oil Curse: How Petroleum Wealth Shapes the Development of Nations*, Princeton University Press.（松尾昌樹・浜中新吾訳『石油の呪い──国家の発展経路はいかに決定されるか』吉田書店，2017年）

Santos, S. J. and S. Tenreyro, (2006) "The Log of Gravity," *Review of Economics and Statistics*, Vol. 88 No. 4, pp. 641-658.

Student (1908) "The probable error of a mean," *Biometrika*, Vol. 6, No. 1, pp. 1-25.

Tinbergen, J. (1962) *Shaping the World Economy: Suggestions for an International Economic Policy*, New York: The Twentieth Century Fund.

United Nations (2021) *UN Comtrade Database* (https://comtrade.un.org/) accessed 10 March 2024.

World Bank (2021) *World Development Indicators* (https://databank.worldbank.org/source/world-development-indicators) accessed 10 March 2024.

第10章
民主主義の再定義
――東南アジアにおける紛争後の変革をナビゲートする――

アルジョン・スギット

1 はじめに

　東南アジアの歴史は政治的混乱と紛争に特徴づけられ，民主主義制度と社会構造に大きな影響を与えてきた。この地域のいくつかの国々が紛争の時期から立ち直るにつれ，民主主義の再構築という課題は独特のものとなっている。本稿では，制度改革，社会統合および移行期正義の必要性に焦点を当てながら，東南アジアの紛争後の環境における民主主義制度再建の複雑さを掘り下げていく。

　歴史的背景は別として，東南アジアの紛争後に焦点を当てることは，この地域が多様な政治的，文化的，社会経済的背景を持つ幅広い国々で構成されているため，かなりユニークである。各国は紛争後の課題や民主化プロセスにて独自の経験を持っているため，民主主義構築のためのさまざまなアプローチについて比較研究や詳細な分析を行なうことができる。

　さらに，紛争後の移行をうまく乗り切り，安定した民主主義を確立した国もあれば，武力紛争や政治不安に苦しんでいる国もある。こうした現在進行形の課題は，紛争後の移行期において民主主義がどのような影響を受け，形成されていくのかを研究に取り組む機会を与えてくれる。さらに，紛争後の社会では市民と軍の関係が重要な役割を果たすことが多く，多くの東南アジ

ア諸国が政治やガバナンスへの軍事介入を経験している。民主化の文脈でこうした力学を研究することは，民主的プロセスの形成における軍の役割について貴重な洞察を提供することができる。

　紛争後の環境において民主主義の役割は，特に深刻な紛争を経験した社会の再建と安定化という文脈にて，広範な研究と議論の対象となってきた。歴史的に見ると，民主主義の実践が復興を促進したケースもあれば，既存の緊張を悪化させたケースもあり，さまざまな結果が示されている。たとえば，ハゴピアン［Hagopian 1990］はブラジルの民主主義的実践を調査し，同国が権威主義政権後に，いかに強力な民主主義制度を発展させることができなかったかを強調している。他方，スモルカ［Szmolka 2017］は，「アラブの春」後のチュニジアが，政権交代後の合意的かつ参加的な移行を特徴とし，大きな進歩的影響を示したことを示唆している。この二面性は，このような複雑な状況における民主主義の有効性と影響について根本的な疑問を投げかけるものである。最近の研究では，さまざまな形態の民主的ガバナンスが紛争後の復興にどのような影響を与えうるかを検証し，この関係のニュアンスを探り始めている。しかし，民主主義が紛争後の移行期にどのような影響を与えるのか，その具体的なダイナミクスやメカニズムを理解するには，まだギャップが残っている。

　このギャップに対処するため，本稿では移行期における民主主義の役割を探り，そのような環境における民主主義の実践の影響を批判的に評価することを目指す。紛争後の移行期において民主主義はどのような役割を果たすのか，また，民主主義の適用は紛争後の環境にとって有益なのか，それとも有害なのか。本稿は，こうした複雑な相互作用に光を当て，紛争後の東南アジアにおけるガバナンスの課題と民主的な参加と説明責任の見通しについて洞察を提供することを目的としている。

　東南アジアにおける民主主義の概念は，西欧社会で一般的な自由民主主義の理想とは異なっている。フォッサティとコマ［Fossati and Coma 2023］によれば，東南アジアの政治文化は，個人の自由と行政権力をチェックするシステムとしての民主主義の考え方を完全には受け入れていない。本稿では，東南アジアの文脈における民主主義の意味と，紛争後の復興プロセスにおける

その役割を探り，ASEAN 加盟 4 か国における民主主義の再建について検討する。フィリピンのミンダナオ島，インドネシアのアチェ，タイ南部，ミャンマーのラカイン州である。そして，東南アジアの紛争後地域における民主主義復興の課題とプロセスを，制度構築，社会統合，移行期正義という三つの柱に焦点を当てて検証する。

　東南アジア諸国は，互いの経験から恩恵を受け，民主的価値を促進し，ベストプラクティスを共有し，技術支援を提供するために協力することができる。本稿は，紛争後の問題を検討することによって，東南アジアにおける持続可能な民主的成長のための効果的な戦略について，複雑な問題をより深く理解することに貢献し，洞察を提供するものである。全体として，本章は，紛争後の東南アジアにおける民主主義の再建の重要性と，制度的，社会的，司法的な問題に取り組む包括的なアプローチの必要性を強調している。これらの課題をうまく乗り切ることで，東南アジア諸国は，地域の平和，安定，繁栄を促進する弾力的で包摂的な民主主義の基礎を築くことができる。本稿では，リベラルな民主主義モデルを提唱する理論的枠組みや国際的支援にもかかわらず，東南アジアの経験は，凝り固まったエリートからの抵抗，恩赦の慣行，地域特有の歴史的文脈に根ざした課題などにより，しばしば乖離していると主張する。たとえば，多くの場合，移行期正義の措置は，紛争中の行動に対する説明責任を恐れる影響力のある個人やグループによって抵抗された［Croissant 2007］。こうしたアクターは政府や軍部で重要な地位を占めている可能性があり，正義のイニシアティブに対する彼らの協力や支援を確保することを困難にしている。

　第二に，東南アジアの政府は，一時的な政治的安定を得るために，和平合意や政治的和解の一環として，人権侵害の責任を負う個人に恩赦や免責を与えることがある。第三に，東南アジアの紛争後の国々の多くは，限られた国家能力と資源に関する重大な課題に直面している。脆弱な司法制度，不十分な捜査機関，不十分な法的枠組みは，国境を越えた司法を実施することが容易でない理由の一例である。

2　民主的価値

　紛争後の状況においては，暴力への回帰の可能性を回避するために，民主的価値を維持することが重要になる。しかし，東南アジアの場合，国によっては政治的発展が民主的ガバナンスに独特の課題をもたらすことがある。

　紛争後の政治情勢は，主に民主主義の原則を確立し維持することに努めながら，暴力への再発を防ぐという微妙な行為のバランスを取るという，重要かつ複雑な岐路に立たされている。この移行期には，しばしば紛争によってほころびた社会構造そのものが，政治的，社会的，経済的構造を再構築し，改革する必要性によって試される。課題は平和の維持だけでなく，持続可能な民主主義環境の土台を築くことにある。この時期には，多様な利害関係者を巻き込み，過去の不満に対処し，包括的な制度を構築するという複雑な課題がつきまとう。

　紛争後の状況では，民主主義が平和，安定，包摂的ガバナンスの促進につながるため，各国は民主主義の原則を守ることを優先することが多い。民主的な制度は，多様な集団を含む対話と意思決定の枠組みを提供し，紛争の一因となったかもしれない不平不満に対処するのに役立つ。さらに，国際機関や援助供与国は，紛争後の環境における民主化を長期的な安定と発展への道筋とみなし，支援することが多い。したがって，民主的慣行を確立することは，紛争解決と持続可能な平和の基盤構築にとってきわめて重要であると考えられている。

　しかし現実には，民主主義の原則を守ることに抵抗し，安定と国益の保護を優先する暫定政府も少なくない。このようなアプローチは，民主的規範を厳格に遵守することが，移行期にある国家の脆弱な均衡を脅かしかねないという信念に由来することが多い。その結果，このような政権は，安定した統治への道をよりスムーズに進むためには，民主的価値観に対する一時的な妥協が必要だと主張することがある。加えて，民主主義の原則に反対する人びとは，真の民主的ガバナンスよりも安定性を優先させるという罠にしばしば陥り，権威主義的な体制を長期にわたって維持することになる。このような

安定志向のバイアスは，民主的ガバナンスの潜在的利益に対して不安定化のリスクが高すぎるとみなされ，民主的改革の実施に消極的になることが多い。

　たとえば，「アラブの春」後のエジプトは，民主的ガバナンスを確立する機会を得た移行期にあった。しかし，安定と国益を守るという名目で軍部が主導権を握った。当初期待された民主主義は，軍部の権力掌握によって影を潜め，アブデルファタハ（Abdel-Fattah El-SISI）の選出につながった。

　さらに，紛争後の期間にて国際社会はしばしば暫定政府に対し，公正で透明性が高く，すべての市民に平等な法制度（法の支配）を確立することなど，いくつかの重要な民主主義の原則を実施するよう求める［Lambourne 2009；Kritz 1995；McAuliffe 2013］。この原則は，政府機関に対する信頼を回復し，正義を確保するためにきわめて重要である。そのためには，独立した司法，公正な法的手続き，明確で公に知られ，一貫して執行される法律が必要である。また，適切かつ十分な法制度とは，当局による決定が恣意的な権力ではなく法律に基づくものであり，個人が正義と法的救済を利用できることを意味する。こうした側面を堅持することは，権力の乱用を防ぎ，紛争後の社会における平和と安定の維持に重要な役割を果たす。公正，透明，平等な法制度には，自由で公正な選挙も含まれる。これは，有権者全員が強制や操作なしに投票する権利を有し，投票結果が有権者の意思を正確に反映する選挙を実施することを意味する。そのためには，独立した選挙管理委員会，透明性の高い投票プロセス，すべての候補者のメディアへの公正なアクセスが不可欠である。

　第二に，紛争後の環境は，すべての社会層，特に社会から疎外されたグループや紛争の影響を受けたグループを政治プロセスに取り込むことを重視している。このアプローチには，これらのグループに投票を認めるだけでなく，さまざまなレベルでの意思決定に参加できるようにすることが含まれる。それは，対話のプラットフォームを作り，統治機構における代表を確保し，政策立案と実施にコミュニティを積極的に関与させることである。このような包括性は，統治プロセスにおけるオーナーシップと正当性の感覚を構築し，社会の分裂を癒し，国家の再建と成長においてすべての市民のニーズと権利が考慮されるようにするためにきわめて重要である。紛争後の民主主義国家

では，表現の自由，集会の自由，差別や虐待からの保護など，市民の権利を守ることが不可欠である。人権に関する法律や人権委員会のような実施機関を設置することで，これらの権利が確実に守られるようになる。

　第三に，説明責任と透明性である。この原則には，政府の行動や決定が精査の対象となり，役人がその行動に責任を持つようなシステムを構築することが含まれる。財務公開，監査，独立した監視機関などのメカニズムは，指導者や機関が公共の利益のために行動することを保証するのに役立つ。

　しかし，実際には必ずしもそう簡単ではない。紛争後の状況では，いくつかの理由から民主主義の実践が困難になる。第一に，紛争後の状況は脆弱な制度に対処しなければならない。このような社会では通常，民主主義が機能するために不可欠な政治制度が弱体化しているか，完全に破壊されている。こうした制度を再建するプロセスは，時間がかかるだけでなく，資源も必要とする。効果的な統治，司法の運営，公共サービスの提供など，民主主義システムの根幹をなす構造を再構築するためには，協調的な努力が必要である。また，脆弱な制度は，武装集団の存在など，民主的プロセスと法の支配を著しく損なう安全保障上の懸念が続いていることにも影響を受けるかもしれない。こうした安全保障上の問題は，政府機関の正常な機能を阻害し，民主的改革の実施を妨げ，恐怖と不安定な雰囲気を作り出す。このような環境は，政治プロセスへの市民の自由で公正な参加を助けず，安定した民主的秩序の確立と維持に困難をもたらす。

　加えて，紛争は多くの場合，さまざまな集団の間に深い社会的分裂と不信をもたらし，紛争後の社会における結束力のある包括的な民主主義プロセスの発展を著しく阻害する。こうした分断は，民族的，宗教的，政治的な境界線に基づくことがあり，不信は過去の不正や暴力に根ざしていることが多い。このような環境は，国民の一体感を醸成し，民主的プロセスへの参加を促す上で大きな課題となる。異なる集団が相反する利害を有していたり，かつての敵対勢力や不信感を抱いている政府と建設的に関わることに消極的だったりする可能性があるからだ。

　さらに，民主主義的な文化や経験の欠如は，主に権威主義的な支配や軍事政権の歴史を持つ地域において，大きな課題となる。このような状況では，

市民の自由，政治的多様性，法の支配，真の選挙競争といった民主主義の基本原則が，社会的に深く根付いていないことが多い。その結果，移行期には，権力者が民主的慣行を表面的に採用し，真の民主的改革を行なうためではなく，自らの権威を正当化したり，権力を強化したりする手段として利用する危険性が高まる。タイトルが示すように，この移行期には，政府は自らの利益のために適切と思われる方法で民主的慣行を再定義したり，再解釈したりしようとするだろう。

さらに，国民も指導者も，オープンな対話，妥協，多様な意見の尊重といった民主主義の規範や慣行に慣れていないことが多い。参加，透明性，説明責任といった民主主義の原則が社会や政治に深く根付いていないためである。このような民主主義文化の欠如は，安定した民主主義体制への移行を妨げることになる。

3　ケース・スタディ

(1) フィリピン・ミンダナオ島

　紛争後のフィリピン・ミンダナオ島の政治状況は，課題は残るものの，民主主義構築に向けた大きな努力を反映している。和平プロセス，特にバンサモロ組織法の調印とバンサモロ・ムスリム・ミンダナオ自治区（BARMM）の設立は，フィリピン政府とモロ系反政府勢力の間の長年の紛争に対処する大きな一歩となった。この地域自治への移行は，歴史的不満，政治的疎外，低開発に対処することを目的としていた。

　モロ・イスラム解放戦線（MILF）は，かつてはミンダナオ島の主要な分離主義運動だったが，紛争後の時代にはその役割を大きく変えた。和平合意とBARMMの設立後，MILFは武装闘争から政治参加へと移行した［Quimpo 2012］。この移行には，MILFメンバーをBARMMの統治機構と安全保障体制に組み込むことが含まれる。MILFの変革はミンダナオ島の平和構築にとってきわめて重要であり，それは紛争から政治的関与への移行を意味するからである。

　MILFが武装分離主義グループからBARMM内の政治的主体へと変貌を遂

げたことは，紛争後の政治状況にとっていくつかの利点がある。武力紛争から政治的関与への移行は，対話と民主的プロセスによる問題解決へのコミットメントを意味する。統治に参加することで，MILFは自分たちのコミュニティの懸念や願望に直接取り組むことができ，それによって武力紛争が再燃する可能性を減らし，ミンダナオ島のより安定した平和な環境を育むことができる。この移行は，暴力の連鎖を断ち切り，長期的な平和の基盤を築くための重要なステップである。

しかし同時に，MILFが武装分離主義グループからBARMM内の政治主体へと移行することは，不確実性をもたらす。このグループがこの地域における政治的地位を失えば，暴力に回帰するのか，それとも地域政治を通じて目的を追求し続けるのかという疑問が生じる。この移行は，武力紛争よりも民主的慣行などの政治プロセスに対するグループのコミットメントが試される，重大な岐路を意味する。

第二に，この移行は中央政府とバンサモロ地域との間の溝を狭め，紛争を通じて欠如していた国民統合を促進する。武力紛争から政治参加へと移行することで，MILFは国のより広範な政治的枠組みの一部となることへのコミットメントを示し，和解プロセスに貢献し，フィリピン国内の多様な地域やコミュニティ間の結びつきを強化する［Neumann 2010］。このような統合は，国家の長期的な安定と統一にとって不可欠である。

しかし，MILFのような武装集団が政治的枠組みに組み込まれることは，この地域における不処罰を永続化させる危険性がある。支配的な政治主体が制裁や処罰に直面すれば，彼らが暴力に回帰する可能性は大きい。このシナリオは，移行期社会における平和と紛争再燃の可能性との微妙なバランスを浮き彫りにしている。

フィリピンのミンダナオ島における民主主義構築のその他の課題としては，新しいバンサモロ自治州内での効果的な統治と代表権の確保，社会経済的格差への対応，さまざまな民族・宗教グループの統合，元戦闘員の武装解除と社会復帰の管理，過激派グループに対する治安維持などが挙げられる。さらに，長い間紛争の影響を受けてきた住民の間に民主主義と政治参加の文化を育てることも重要な課題である。こうした課題は，さまざまなコミュニティ

と地域政府との間に信頼と協力を構築する必要性によって，さらに深刻化している。

まとめると，ミンダナオ島の紛争後の政治的発展は，新しい制度の創設を促進し，社会的統合を促進し，長年の紛争後の地域再建に向けた重要な一歩となった。こうした努力は，統治機構を確立し，以前は分断されていた集団の間に共同体意識を醸成する上で役立った。しかし，移行期正義への取り組みには依然として大きな隔たりがある。この欠陥は，インフラや社会の絆が再建されつつある一方で，説明責任，賠償，過去の虐待の認識といった根深い問題には十分に対処できていないことを意味する。こうした問題に正面から向き合わなければ，ミンダナオ島の平和と和解の長期的な持続可能性が危うくなる。未解決の不満が再燃し，これまでの進展が損なわれる可能性があるからだ。

この見落としは，紛争が残した傷跡に対処する上での重大な欠陥を浮き彫りにしているだけでなく，フィリピン政府がこの地域で民主主義を狭く解釈し，適用していることを反映している。過去の過ちに対する正義の追求よりも，制度構築や元戦闘員の政治的基盤への同化を優先することで，民主主義の原則に対する表面的なコミットメントを明らかにしている。このことは，政府が短期的な安定を優先していることを示している。また，政府が民主主義を政治的安定のための道具としてとらえており，説明責任や賠償，歴史の傷の癒やしを含む包括的な枠組みとして，とらえていないことも示唆している。このような民主主義的慣行への選択的関与は，真の和解と永続的な平和の可能性を損ない，不正と人権侵害のより深い問題を未解決のままにしている。

(2) インドネシア・アチェ

2005年8月，インドネシア政府と自由アチェ運動（GAM）はヘルシンキで歴史的な和平合意に達し，30年以上にわたる内紛に終止符を打った。以来20年近くが経過し，紛争後のアチェの政治的進化を検証する必要に迫られている。ここでは，アチェの統治に民主主義の原則を根付かせるための前進を探り，今後の政治的発展に対する根強い課題と潜在的な障壁を明らかにす

る。そして，和平合意以降のアチェの政治状況の軌跡を理解し，民主化定着に向けた進展を評価することに重点を置く。

　インドネシアのアチェにおける紛争後の政治状況は，数十年にわたる紛争に終止符を打った 2005 年の和平合意後，民主主義の構築が大きく進展していることが特徴である。この合意はアチェの実質的な自治につながり，地方統治と政党の設立を可能にした［Mietzner 2012］。こうした前進にもかかわらず，元戦闘員の市民社会への統合，天然資源の管理，人権の確保，紛争時代の不満への対応など，課題は残っている。

　ミンダナオとは対照的に，アチェの政治的統合プロセスは，関係する戦闘員が多様であるため，より複雑な課題に直面している。制度構築と社会統合が一定の成功を収めているミンダナオとは異なり，アチェの州レベルの政治状況は，元戦闘員が就くことのできる役職の少なさによって妨げられている。この制限は，政治構造が新しい統治枠組みの中で地位を求める多様なグループを十分に受け入れていないため，元戦闘員の間の競争や紛争につながっている。その結果，こうした元戦闘員のアチェの政治システムへの統合は緊張をはらんでおり，政治インフラがすべての関係者の統合と願望を完全にサポートできない場合に，和解と安定を達成することの難しさを浮き彫りにしている。インドネシアのアチェにおける民主主義構築の課題には，元戦闘員を政治的・社会的基盤に統合すること［Hillman 2012］，紛争による苦情や人権問題を管理すること，公平な経済発展を確保すること，地方自治と国家統治とのバランスをとることなどが含まれる［Mietzner 2007；Barrett 2009］。さらに，平和を維持し，紛争の再発を防止することも依然として重要な課題である。これらの課題は，この地域の長期的な安定と民主的発展を確保するために，継続的な努力とコミットメントを必要とする。

　フィリピンの場合と同様，インドネシア政府は安定と秩序を優先し，時には完全な民主化プロセスを犠牲にしている［Smith 2014］。アチェの場合，これは和平協定とその後の統治機構の構築方法に現われているのかもしれない。和平協定は当面の平和と安定を重視したものであり，より広範な民主的改革や人権問題については妥協している可能性がある。

　さらに，紛争後のアチェにおける法の支配体制は，民主主義の進展という

文脈の中で，アチェにおけるシャリーア法の実施という複雑な力学を提示するなど，別の課題を生み出すかもしれない。それはアチェの自治と文化的アイデンティティのユニークな側面を反映しているが，特に人権とジェンダーの平等という点で，より広範な民主主義の原則に課題をもたらす可能性がある，と主張する者もいる［Bhattacharya and Burns 2019］。他方，アチェにおける地方政党の設立は，コミュニティの絆を強化し，アチェの人びとに合わせたサービスを提供する可能性を秘めている［Törnquist 2011］。こうした地方政党は，健全な民主主義にとってきわめて重要な政治参加と代表性を高めることができる。しかし，シャリーアの施行と民主的包摂性のバランスをとることは，アチェの政治的進化において依然として微妙な課題である。

(3) タイ南部

　タイ南部の紛争後の政治状況は複雑で，イスラム教徒が多数を占める地方で長年にわたる分離主義的対立を解決しようとする努力が続いているのが特徴である。民主主義構築の進展はまちまちで，地方自治を拡大し，地方統治を改善する努力が続けられている。しかし，根深い民族的・宗教的緊張への対処，公正な政治的代表権の確保，地域社会と中央政府との間の不信感の克服など，課題も残っている。

　タイ南部における分離主義運動の存在は，紛争後の段階における民主主義の発展を大きく妨げている［Croissant 2007］。こうした動きは不安定で不確実な環境を作り出し，民主主義の原則を実現するのに適していない。紛争が続き，これらのグループによる自治権拡大や独立の要求が中央政府の権威に挑戦し，安定した包摂的な政治システムを確立する努力を混乱させる。このような状況は，民主的制度を構築し，地域の多様なコミュニティーの間に政治参加と信頼を育むプロセスを複雑にしている。

　さらに，タイ南部の分離主義グループにより大きな自治権や独立を認めることは，紛争の根本原因に対処することで，民主主義の発展を促進する可能性がある。より地域に根ざした統治が可能になり，この地域特有の文化的，民族的，宗教的ニーズが政治的枠組みの中でよりよく代表され，対処されるようになる。このアプローチは，政治参加を促進し，地域社会の政府機関に

対する信頼を築き，民主的プロセスに対するオーナーシップと責任感を育むことができるため，民主主義の発展に不可欠な安定と平和に貢献する。残念ながら，特別自治はタイ国家によってタブー視されており，多くのタイ仏教徒にとってはおそらく考えられないことである［Satha-Anand 2012；McCargo 2008］。

　タイ南部，特にパタニ地方の分離主義運動による特別自治の要求は，紛争後の政治状況において重要な役割を果たしている。これらの運動は，この地域のムスリムが多数を占める住民の，より大きな自決と文化的承認への願望を表わしている。彼らの活動や要求は政治力学に大きな影響を与え，交渉や和平プロセスに影響を与えている。永続的な和平を達成し，パタニ地域をタイのより広い政治的・社会的基盤にうまく統合するためには，こうした分離主義グループの懸念を理解し，対処することがきわめて重要である。

　タイの大多数を占める仏教徒とタイ南部のイスラム教徒との宗教的な違いは，紛争後の発展に大きな影響を与える。こうした違いが南部のムスリム住民の文化的・政治的疎外感を助長し，紛争に拍車をかけている。こうした宗教的・文化的格差に対処することは，この地域の恒久的な平和を達成し，包摂的な開発を促進する上できわめて重要である。

　先の二つのケーススタディと同様，タイ南部での実践では，長期的な民主改革や人権問題よりも，当面の安定と安全を優先させる可能性がある。このようなアプローチでは，紛争の根底にある政治的・社会経済的問題，たとえば少数民族であるマレー系イスラム教徒による自治権の拡大や文化的承認の要求などに十分に対処することなく，反政府勢力との停戦や協定の交渉に集中する可能性がある。中央政府が安全対策を重視し，地元の政治的願望に慎重に関与しているのは，このようなアプローチの要素を反映している。

(4) ミャンマー，ラカイン州

　ミャンマー・ラカイン州の紛争後の状況は複雑で，民主主義構築のための課題をはらんでいる。この地域は深刻な民族・宗教紛争を経験し，少数派のイスラム教徒であるロヒンギャに影響を及ぼしている。民主化に向けた進展は，こうした紛争や人権問題，中央政府が緊張の根本原因への対処に限定的

な成功しか収めていないことが，大きな障害となっている。この状況は，政治における軍の重要な役割によってさらに複雑化し，ラカイン州を含むミャンマーの民主化に向けた全体的な進展に影響を及ぼしている。

　ミャンマーのラカイン州における民主主義構築の課題には，特に少数民族ロヒンギャを含む深い民族的・宗教的分裂への対処や，人権侵害の解決などがある［Reny 2020］。さらに，社会から疎外されたコミュニティを政治プロセスに組み込むこと，異なる民族グループと政府との間の信頼を再構築すること，社会経済的格差に対処することも課題である。政治における軍の影響力と，現在も続く安全保障上の懸念が，この地域における安定した民主的ガバナンスの確立をさらに複雑にしている。

　ミャンマーにおけるアプローチは，民族的・宗教的緊張や，ロヒンギャのような社会から疎外された集団の権利やニーズといった紛争の根本原因に対処するよりも，むしろ紛争の封じ込めに焦点を当てた，強力な軍事的プレゼンスと行動に現われるかもしれない。このような方法では，統制や権威によって維持される平和ではなく，包括的な民主的プロセスや和解を通じた安定を導くことはできない。

　エジプトのケースと同様，ミャンマーのラカイン州における紛争後の状況において軍事政権が果たした役割は大きく，物議を醸している。ミャンマーは2011年に政治改革のプロセスを開始し，軍政からより民主的な統治構造に移行することが期待された。しかし，タトマドー（Tatmadaw）として知られる軍部は，国家の安定のために必要な行動であると正当化し，政府に対する大きな影響力を維持した。これは2021年の軍事クーデターで頂点に達し，軍部は政府に対する支配力を再び強め，過去10年間に達成された民主的な利益の多くを覆した。

　軍は直接紛争管理に関与し，しばしば安全と安定を優先させ，時には人権や民主的プロセスを犠牲にしてきた。彼らのアプローチには，地域を厳しく管理することも含まれ，人権侵害の疑惑につながっている。軍事政権の行動は，ラカイン州の政治的・社会的景観を形成する上できわめて重要であり，紛争の力学と長期的な平和と和解の見込みの両方に影響を与えている。バーク［Burke 2016］とストッケ，カム，ンゲおよびクヴァンヴィーク［Stokke,

Kham, Nge and Kvanvik 2022］は，軍（Tatmadaw）は武力抵抗を封じ込めるために強制と同調を用いたと主張しているが，このアプローチは，過去30年にわたるミャンマーの和平イニシアチブは，実質的な紛争解決の試みというよりは，むしろ民族武装組織を封じ込めるための戦略と見るべきことを示している。

　さらに，ミャンマーの軍事政権は民主的プロセスをたびたび中断してきた。これには，国民民主連盟（NLD）の地滑り的勝利を軍が認めなかった1990年に見られる選挙結果の無効化や，最近では，民主的に選出された政府を転覆させた2021年の軍事クーデターが含まれる。軍政はしばしば，言論，報道，集会，結社の自由を含む市民の自由に対する厳しい制限と結びついている。これは健全な民主主義に不可欠な強固な市民社会の発展を妨げている。

　さらに軍事政権は，少数民族に対する暴力，政治的反対意見の弾圧，強制労働の使用など，数多くの人権侵害で非難されてきた。こうした行為は恐怖と抑圧の環境を作り出し，民主主義の規範を助けるものではない。こうした紛争に対する軍のアプローチは，対話や和解ではなく，しばしば武力や弾圧を伴うもので，緊張を悪化させ，少数民族の権利を尊重する民主的な文化の発展を妨げている。

　ミャンマーは，アウン・サン・スー・チーに率いられた民主的な政権のもとで，チャンスに恵まれていた。残念なことに，彼女が政権を担当していたとき，ラカイン州の紛争後の状況に対する彼女のアプローチは複雑で，国際的な監視の目にさらされた。彼女の政府は，安定と経済発展に重点を置きながら，ロヒンギャの住民に関わる危機を管理しようとしたが，人権問題やロヒンギャに対する虐待の疑惑に十分に対処していないとして批判された。ラカイン州の状況は，彼女の在任期間中，依然として重要かつ論争の的となった。

　アウン・サン・スー・チー政権は，ラカイン州における人権問題，特にロヒンギャ危機への対応について大きな批判に直面した。国際的なオブザーバーや人権団体は，暴力や迫害の報告など，ロヒンギャの住民に対する虐待の疑惑に対処し，防止するための十分な行動をとっていないと非難した。この状況は，人権に対する政府のコミットメントや，ミャンマー国内の複雑な

民族・宗教紛争を管理する能力について疑問を投げかけた。

　ミャンマーのロヒンギャ危機に関するアウン・サン・スー・チー氏の政策は重大な影響を及ぼし，重大な難民危機につながった。ラカイン州における軍の弾圧は，政府が効果的に対処することも非難することもできなかったため，人権侵害の疑いが広まった。このような状況により，数十万人のロヒンギャが暴力と迫害からの避難を求めて，バングラデシュを中心とする近隣諸国に逃れざるを得なくなった。この危機は，根深い民族紛争に対処する上での課題を浮き彫りにし，アウン・サン・スー・チー指導下のミャンマーの人権への取り組みに疑問を投げかけた。

4　結　論

　東南アジアにおける民主主義の再建，とりわけフィリピンのミンダナオ島，インドネシアのアチェ，タイ南部，ミャンマーのラカイン州といった紛争後の環境における民主主義の再建は，多様で困難な環境における民主的価値の回復力と適応力の証である。本稿は，これらの地域における民主化の多面的な性質を探究し，制度構築，社会的統合，移行期正義に焦点を当てた。

　ミンダナオ島では，多様な民族・宗教グループの統合，効果的かつ包括的なガバナンスの確保，MILFを含むあらゆるセクターからの参加の促進が課題である。このような制度構築と社会統合は，この地域の民主的発展の主な要因であるが，同時にこのアプローチには，移行期の正義に取り組む上で大きな隔たりがある。アチェでは，地方自治とガバナンスの進展が見られるが，元戦闘員の統合と天然資源の管理という課題に直面している。インドネシア政府は安定と秩序を優先し，時には完全な民主化プロセスを犠牲にして，当面の平和と安定に重点を置いているが，より広範な民主的改革については妥協している可能性がある。タイ南部のシナリオは，分離主義運動と，安全保障と包括的な政治とのバランスをとる必要性によって複雑になっている。ミャンマーのラカイン州では，特にロヒンギャに影響を及ぼす深い民族・宗教紛争と軍の政治的役割が，民主的ガバナンスに大きな障害をもたらしている。

これらの地域全体で，民主主義の実践に課題がないわけではない。脆弱な制度，社会の分裂，民主的経験の欠如といった問題は，民主的再建プロセスに大きな影響を与える。このシナリオは，東南アジアのほとんどすべての紛争後国が，民主主義の概念を自分たちの言葉で再解釈・再定義し，そのほとんどが参加型民主主義よりも安定を優先しているという事実によって複雑になっている。このような共通のアプローチは，平和と秩序の目先の追求がより広範な民主主義の原則をしばしば覆い隠してしまうという，この地域のパターンを反映している。

　ミンダナオ島，アチェ，タイ南部，ラカイン州の経験は，紛争後の環境における民主的再建の複雑さについて貴重な教訓を与えてくれる。包括的ガバナンスの重要性，人権の尊重，制度的・社会的・司法的問題に対処するための包括的アプローチの必要性が最も重要である。

　ケーススタディでは，政治エリートが，特に法の支配，すべての社会層の包摂，説明責任と透明性など，欧米の学者が導入した民主主義の価値観をすべて守ることができなかった状況が示されている。その代わりに，これらのエリートたちは，その地域の特性に基づいて適切と思われる方法で民主的価値を「創造」または「再構築」することに取り組んできた。エリートたちが民主主義的価値の核となる原則を維持している限り，修正・調整は通常受け入れられる。問題は，既知の価値観や原則から逸脱し，民主主義の独自の解釈や定義を作り上げる場合に生じる。

　タイトルが示唆するように，「再定義」は，紛争後の時代における民主主義の解釈に対するこの地域独自のアプローチを強調するものである。紛争から抜け出した東南アジア諸国は，それぞれの文化的，政治的，歴史的背景と共鳴する形で民主主義を定義するという課題に直面している。これらの国々は，画一的なモデルを採用するのではなく，それぞれの状況やニーズに合った民主主義の価値を選択的に統合している。このような再建の過程では，国際的な民主主義規範と現地の現実や嗜好とのバランスをとることがしばしば必要とされ，その結果，この地域全体で多様な民主主義の実践が行なわれることになる。

　東南アジア諸国が独自の民主主義の道を歩み続ける中で，地域協力，国際

的支援，民主主義の原則へのコミットメントは，依然としてきわめて重要である。

■引用・参考文献

Barrett, L.（2009）*Disturbing the Peace? Indonesian Nationalism and the Law on the Governance of Aceh*, The Australian National University. From The Australian Naional University.

Bhattacharya, S. and C. Burns（2019）"What's War Got to Do with It? Post-conflict Effects on Gender Equality in South and Southeast Asia, 1975-2006," *Journal of Asian Security and International Affairs*, Vol. 6(1), pp. 55-81.

Burke, A.（2016）"New Political Space, Old Tensions: History, Identity and Violence in Rakhine State, Myanmar," *Contemporary Southeast Asia*, Vol. 38(2), pp. 258-283.

Croissant, A.（2007）"From transition to defective democracy: mapping Asian democratization," *Democratization*, Vol. 11(5), pp. 156-178.

Croissant, A.（2007）"Muslim Insurgency, Political Violence, and Democracy in Thailand," *Terrorism and Political Violence*, Vol. 19(1), pp. 1-18.

Fossati, D. and F. M. Coma（2023）*The Meaning of Democracy in Southeast Asia: Liberalism, Egalitarianism and Participation*, Cambridge: Cambridge University Press.

Hagopian, F.（1990）"Democracy by Undemocratic Means? Elites, Political Pacts, and Regime Transition in Brazil," *Comparative Political Studies*, Vol. 23, No. 2, pp. 147-170.

Hillman, B.（2012）"Power-sharing and political party engineering in conflict-prone societies: the Indonesian experiment in Aceh," *Conflict, Security & Development*, Vol. 1(2), pp. 149-169.

Kritz, N., J.（1995）*Transitional Justice: How Emerging Democracies Reckon with Former Regimes*, Washington: United States of Institute of Peace Press.

Lambourne, W.（2009）"Transitional Justice and Peacebuilding after Mass Violence," *The International Journal of Transitional Justice*, Vol. 3, pp. 28-48.

McAuliffe, P.（2013）*Transitional Justice and Rule of Law Reconstruction: A Contentious Relationship*, New York: Routledge.

McCargo, D.（2008）*Tearing Apart the Land: Islam and Legitimacy in Southern Thailand*, Cornell: Cornell University Press.

Mietzner, M.（2007）"Local Elections and Autonomy in Papua and Aceh: Mitigating or

Fueling Secessionism?" *Indonesia*, No. 84, pp. 1-39.

Mietzner, M. (2012) "Ending the war in Aceh: Leadership, patronage and autonomy in Yudhoyono's Indonesia," R. Ganguly, *Autonomy and Ethnic Conflict in South and South-east Asia*, New York: Routledge, pp. 128-162.

Neumann, H. (2010) "Identity-building and Democracy in the Philippines: National Failure and Local Responses in Mindanao," *Journal of Current Southeast Asian Affairs*, vol. 29(3), pp. 61-90.

Quimpo, N. G. (2013) "The pitfalls of working for peace in a time of political decay," R. Ganguly, *Autonomy and Ethnic Conflict in South and Sout-east Asia*, New York: Routledge, pp. 163-191.

Reny, M.-E. (2020) "Myanmar in 2020: Citizens Have Voted for the Democratic Transition to Continue, but Democracy Remains Far Ahead." *Asian Survey* 138-143.

Satha-Anand, C. (2013) "When Autonomy is not an Option, R. Ganguly, *Autonomy and Ethnic Conflict in South and South-east Asia*, New York: Routledge, pp. 192-215.

Schulze, K. E. (2004) *The Free Aceh Movement (GAM): Anatomy of a Separatist Organization*, Washington: East-West Center.

Schulze, K. E. (2007) "From the Battlefield to the Negotiating Table: GAM and the Indonesian Government 1999-2005," *Asian Security*, vol. 3(2), pp. 80-98.

Smith, C. Q. (2014). "Illiberal peace-building in hybrid political orders: managing violence during Indonesia's contested political transition," *Third World Quarterly*, vol. 35(8), pp. 1509-1528.

Stokke, K., K. K. Kham, N. K. Nge and S. H. Kvanvik (2021) "Illiberal peacebuilding in a hybrid regime. Authoritarian strategies for conflict containment in Myanmar," *Journal of Political Geography*, vol. 93, pp. 1-14.

Szmolka, I. (2017) "Successful and Failed Transitions to Democracy," I. Szmolka, *Political Change in the Middle East and North Africa: After the Arab Spring*, Edinburgh: Edinburgh University Press, pp. 349-378.

Törnquist, O. (2011, June) "Dynamics of Peace and Democratization: The Aceh Lessons," *Democratization*, vol. 18, No. 3, pp. 823-846.

第 11 章
武力紛争後のアムネスティ（恩赦）と国際法
——ウガンダにおける和平交渉と平和構築の事例から——

藤井広重

1　司法介入をめぐる問題系と学際性

(1) 武力紛争後の国際社会による関与／介入

　1990年以降に顕著となったグローバル化の歪みや急速な民主化がもたらした影響により，内戦の数は飛躍的に増加した。アフリカにおいても，援助の条件として構造調整政策が積極的に導入されたものの，多くの国で経済は混乱し，集権的なパトロン・クライアント・ネットワークは脆弱化し，国内政治が不安定化した［武内 2008］。内戦を多く抱えたアフリカにおいて国家建設や平和構築活動が大規模に展開され，さまざまな介入のあり方がこれまで議論されてきた。人権保護を目的とした他国への介入もこの時期からより顕著になった。

　著しい人権侵害の状態を止めるために国境を越えて何らかの行動を起こすことは人道的介入と呼ばれ［篠田 2007：185］，このような活動は，国連開発計画が1990年と1994年に提唱した「人間開発」と「人間の安全保障」といった概念の提示を契機とする人間中心の視点への国際的関心の高まりにも支えられた［熊谷 2020：182］。冷戦終焉とともに増加したアフリカ域内での紛争後の国家建設は，国際秩序を維持しようとする国際社会による介入の力学がアフリカ域内に強く作用してきたことによる。その結果，アフリカは平

和構築の実験場とも揶揄されることになった。国家建設のアプローチをめぐっては，2000年代に入ると介入する側の論理が色濃く反映した試みが増加しすぎたがゆえに，介入される側が主体的に国家建設に関与するローカルオーナシップという言葉で，それまでに強まった介入の色彩を薄めようと試みられてもきた［篠田 2019］。他方で，現地を過度に美化することの懸念も提示され［Hellmüller et al. 2014］，現在では国際と現地とのグラデーションを意識的に平和構築に取り入れようとする試みとしてハイブリッドな国家建設の概念にも注目が集まっている［藤重ほか 2019］。

　だが，人道的介入にどのようなアプローチが選択されるにしろ，紛争下で引き起こされた大規模人権侵害に国際社会と紛争当事者はいかに向き合うべきなのか，という課題は残される。冷戦終焉後から，旧ユーゴスラビアやルワンダにて，国連安全保障理事会の決議によって国際刑事法廷が設置された。これを皮切りに形を変えながら次々に国際的な刑事裁判所が武力紛争後に設置され，人道的介入の一つの形態として司法介入が行なわれてきた［藤井 2016］。司法介入とは，国際社会による個人の裁きのことであり，国際社会から正統性が付与された諸機関の関与のもとで，武力紛争下で国際法に違反した個人が訴追対象となってきた［Scheffer 1996；篠田 2007］。

　なかでも，世界で初めて常設の国際的な刑事裁判所として，1998年ローマ規程に基づく国際刑事裁判所（International Criminal Court：ICC）が2002年から活動を開始したことは，武力紛争後の平和構築そのものにも大きなインパクトを与える出来事であった。ICCはジェノサイド罪，人道に対する犯罪，戦争犯罪に関与した責任ある個人を裁き，ローマ規程前文にて不処罰の終止を掲げている。ここで不処罰とは，「暴力行為の加害者が，起訴や逮捕，裁判につながり得るいかなる調査の対象にもならないために，そして，仮に罪が明らかになったとしても，適切な有罪判決を受け，被害者への補償を実施することがないために，刑事，民事，行政あるいは懲戒処分のいずれにおいても，法律上または事実上，暴力行為の加害者に責任を問うことが不可能」な状態のことをさす［UN 2005］。また，不処罰は，被害者の脆弱性を顕わにするだけでなく，犯罪に対する国際社会の無関心を示し，それ自体で人権侵害を構成するとも指摘され［Birdsall 2009：4］，当事国だけではなく国際

社会が取り組むべき課題となっている。そのため，ICC 設立以降は特に国連からも不処罰の終止に向け，重大犯罪に関与した疑いのある者を起訴する必要性が主張されている。

(2) 「平和と正義」，グローバルな倫理をめぐる研究課題として

　ICC の設立は，和平交渉の取引材料であったアムネスティ⁽¹⁾を禁じる傾向が強まることを意味していた⁽²⁾。実際に，1990 年代のローマ規程準備会合に出席した多くの関係者は，当時南アフリカで実施されていた真実・和解委員会のアムネスティ・モデルに共感を表明し，ICC による個人の裁きには懸念を示した［Greenawalt 2009：133］。南アフリカではアパルトヘイトによって人種に基づく侵害行為が多発していたが，真実・和解委員会にて証言を行なった加害者は罪に問われることはなかった。ただし，2023 年末現在，ICC は活動開始からすでに 20 年が経過したが，124 か国がローマ規程を批准し，ICC が捜査を開始した事態（situation）は，17 にものぼる。このことは，不処罰の文化と闘う ICC が多くの地域で受け入れられてきたと言えるかもしれない。

　だが，実態としてアムネスティは，ICC 活動開始後も和平交渉の際に用いられている。ローマ規程は条文にて明示的にアムネスティを禁止しているわけではない。ICC 以外の，旧ユーゴスラビア国際刑事法廷やルワンダ国際刑事法廷ならびに数々の紛争当事国と主に国連との間で設置されてきたハイブリッド刑事法廷も，このアムネスティをめぐる問題にまったくと言って良いほどに触れていない⁽³⁾。つまり，国際法からアムネスティが法的に禁止されるべきであるとの根拠を明確に導き出すことは困難である。このことは，不処罰の終止が国際的に掲げられながらも，アムネスティは紛争後の移行期における「取引」の一部として機能してきたことを意味する。

　一方で，アムネスティを伴う和平交渉にて実現される平和も国際社会の共通利益である。他方で，アムネスティは社会が武力紛争からの脱却を模索しているときにきわめて重要である法の支配に対する国民の信頼を損ない，刑に服さない戦争犯罪人を社会から排除する機会を失い，さらなる犯罪へとつながる危険性を高める。この平和と正義をめぐる対立は，国際裁判が本質的に犯罪を抑止し，長期的な安定をもたらすものであるが，アムネスティは不

処罰を助長し，最終的には平和と社会秩序を損なうものであるという仮定と，これに対する反論からも窺い知ることができる［Snyder and Vinjamuri 2003；Vinjamuri 2010］。同じ平和な社会を目指しながらも，手段を異にする同床異夢の両アプローチが存在することで，国際法はアムネスティとの関係をあえて曖昧なままとしてきたと言っても過言ではない。

　このように武力紛争後の平和構築は法に則って画一的に展開するわけではない。むしろ，いくつもの問題領域にまたがって生起する課題を丹念に解きほぐす作業を通して，持続性のある平和へのアプローチを状況に合わせ判断しなければならない。したがって，単一の学問から武力紛争と平和をめぐる問題領域を捉えることには限界がある。以上を踏まえ，本稿の目的と射程を示したい。それは，武力紛争後のICCによる司法介入とアムネスティをめぐるダイナミズムを理論と実践から説き起こすことを通じ，その近接領域との相互作用を検証すること。そして，国際法学が直面しているグローバルな倫理をめぐる研究課題の問題系を示すことにある。

　そこで，本稿は上記問題意識のもとで，次節にてICCと和平交渉およびアムネスティと平和構築の相互作用がどのように捉えられてきたのか，先行研究を整理する作業を行なう。そして，3にてウガンダの事例研究に取り組む。とりわけ，ウガンダでのICC司法介入の実態と限界，ならびにアムネスティ法をめぐる政治動学を考察することで，平和と正義のダイナミズムを探究する。最後に，ICCが介入した地域で実践されたアムネスティに対する評価をまとめ，平和構築における平和と正義をめぐる理論と実践の現況から平和構築に対する国際法学の今後の展望に踏み込みたい。

2　司法介入とアムネスティをめぐる概念と先行研究

(1) 司法による裁きと和平交渉

　内戦の終結は，いまだ十分に理論的説明ができない未解決のテーマである。たとえば，有力な先行研究は暴力の行使が合理的な行為であるとの前提にたち，戦闘を終結させるかどうかを，最もコストがかからない選択から決定するという合理的選択理論に基づき説明を試みてきた。同理論に基づけば多く

の内戦は，戦闘時に得られる勝利と敗北に関する情報に基づき，戦闘継続にかかるコストと比較しながら，さらなる戦闘を避ける判断もできると考えられる。しかし，往々にして内戦は長引くことが多い［Fearon 2004］。

　自分たちの側が相手側よりも明らかに強い場合は，勝つために戦えるという信念となり，それが好ましい選択となる［Clayton 2013；Melin and Svensson 2009］。しかし，両者の戦力が同等であればバランスがとれてしまい，どちらの側も完全な勝利を期待できずに紛争によるコストが蓄積されていく。このとき，紛争のダイナミクスを変えたいと願う当事者は，軍事力を増強したり，指導者を狙ったり，さまざまな軍事的選択肢を検討する［Ryckman 2020］。そして，同様の事情から政府側の非軍事的選択肢としてアムネスティによる交渉が提起されることがある。

　しかし，処罰の威嚇による犯罪の抑止か，あるいは免責の確証による和平か，という分権的国際社会の構造を前提にした対極的な国際平和観のもとでは［下谷内 2019：12］，紛争の当事者同士がアムネスティを利用した和平への道筋を探ろうとしても，国際社会による裁きの脅威があるがゆえに，和平に合意する誘因を紛争当事者から奪い去ることになる［Zartman and Kremenyuk 2005］。これは，司法による正義の追求がアムネスティを伴った妥協による平和を困難にする移行期正義のジレンマとして説明される。アカヴァン［Akhavan 2009］はこのような平和と正義の対立を，盲目的に正義を追求する「司法ロマン主義」と，権力者をなだめることで平和を求めるシニカルな「政治的リアリズム」に区別できると論じている。

　一方で，正義の追求は，敵対行為の延長を伴うが，平和の追求は多少の不正義に身を任せる必要があるとの認識がある［Manas 1996：43］。他方で，2004年国連事務総長報告書では，「正義と平和は相反する力ではなく」，「適切に追及されれば，互いを促進し，維持することができ」，「正義と説明責任を追及するかどうかが問題ではなく，いつ，どのように行なうのか」であると主張される［UN 2004：8］。

　後者の事務総長報告書が示すように，平和と正義を二項対立としてではなく，プロセスとして捉えることもできよう。だが，たとえばシエラレオネの真実和解委員会は，「いかなる状況下でも，平和のために正義を手放しては

ならないと主張する者は，武力紛争が長期化する可能性を正当化する準備をしなければならない」と最終報告書に記している［SLTRC 2004：365］。グロノとオブライエンも，平和と正義を順次追求する可能性を認めつつも，特定の紛争被害社会の状況や，提案されている正義と平和の介入の性質によっては何らかのトレードオフが必要になると主張する［Grono and O'Brien 2008］。つまり，実践における両者の緊張関係は現実には避けては通れない問題であり，だからこそ，移行期には当事国の政治エリートが，紛争後の責任追及を行なう裁判や真実委員会の活動に介入を行ない，影響力を行使しようと試みる余地が生まれてくるのである［Loyle and Davenport 2016］。

　もっとも，ICC 司法介入は和平交渉に対して間が悪く，現地社会を蔑ろにしているとの批判もあるが，必ずしも和平交渉が和平をもたらし，訴追が正義をもたらすわけではない。裁判が正義を実現できないことがあるように，和平交渉が平和を実現できないこともある。特に，ICC での訴追が和平交渉に与える影響や，その逆の影響を理解するには，交渉前後のさまざまなプロセスや，それらが行なわれる環境を知る必要がある。さらに，訴追の性質と影響を理解するには，捜査，法廷での弁論，判決といった中核的な法律実務の分析だけでは不十分であり，法的プロセスが展開される政治的，社会的，文化的，経済的背景も検討しなければならない。そして，アムネスティをめぐる当事国内の政策など，他のさまざまな主体やメカニズムとの相互関係を綿密に確認することで，ようやく ICC が和平交渉に与える影響について検証することができるといえる。そこで，次項にて平和構築活動にアムネスティがどのような機能として作用してきたのか注目する。

(2) アムネスティと平和構築，DDR

　現時点で，国際法はアムネスティを明確には定義していない。伝統的にアムネスティは，国内の司法や政策の問題とみなされてきたからである。本稿にてアムネスティとは，フリーマンによる「指定されたタイプの犯罪に関して，指定された個人または集団に対する刑事責任の見通しと結果を，関係者が法廷でそのような犯罪で裁かれたかどうかに関係なく取り除く特別な法的措置」との定義を採用する［Freeman 2009］。あくまでも例外的な状況下で採

用される法的措置であるため，問題となるのは，いつ，どのような状況下で採用されるのか，である。そもそも，武力紛争との関連でアムネスティを議論することのメリットは，自軍を危険にさらすことなく，低コストで紛争の動向を変えることができ，早急に行き詰まった内戦を解決に向かわせる可能性があるためである。つまり，敵対者へのアムネスティは，和平合意の魅力を高め，降伏のコストを減らし，意思決定を変えるインセンティブになると考えられる［Mason, Weingarten and Fett 1999］。とりわけ，アムネスティの実施は，平和構築のプロジェクトの中でも DDR（武装解除，動員解除，社会再統合：Disarmament, Demobilization, Reintegration）に多大な影響を与える。

DDR とは，和平合意の規定に基づき，武器を回収し，非公式な軍事的枠組みを解体し，民間人または国家の武装・治安部隊（正規軍，国家警察，憲兵隊など）の正式な構成員として，社会への再統合を支援する目的で，元兵士／民兵を集める活動のことである。つまり，戦闘員が武装解除や動員解除をするのは刑の執行を受ける危険がないからであり，アムネスティの実施に関し DDR の実務からは，ほとんど反対されない［Freeman 2000］。DDR を成功させることは，紛争後の安定を維持し，永続的な平和の展望を前進させるために不可欠な前提条件であるとも論じられる［Berdal and Ucko 2009］。それゆえ，DDR プログラムは，国連，世界銀行，欧州連合などの国際ドナーが資金を提供しており，近年のほとんどの平和構築活動において，不可欠な役割を果たしている［Watson 2009］。

　ただし，DDR の成否がアムネスティにかかっているかと言えば，そうとも言えない。シエラレオネでは，国際社会の関与は称賛されたものの，DDR は外国主導のものとなり，現地コミュニティや元戦闘員のニーズや懸念をほとんど無視した取り組みであったことが批判的に論じられる［Solomon and Ginifer 2008］。この点，リッチモンドは，国際社会が実施する平和構築プログラムは，外部から決められたベストプラクティスの基準によって形成されることが多く，それは平和構築プログラムが達成すべきことに関する現地の認識とは異なる可能性があると論じている［Richmond 2010］。外部で設計された平和構築プログラムでは，現地のコミュニティやコンテクストを十分に把握しておらず，紛争の影響を受けた社会で平和構築を進めるために重要な力

学やニュアンスを考慮できないため［Autesserre 2010］，平和構築プログラムは現地で設計・実施されるべきであるとの主張につながっている［Leonardsson and Rudd 2015；De Coning 2013］。

　とすれば，アムネスティの実施の有無に関しても，国際法は無言を貫き，当事国の判断に委ねるべきかもしれない。また，そもそもDDR成否の要因は，自身に不利な法的手続きからの免除という法的利益ではなく，元戦闘員が利用できる経済的利益などに左右されている可能性もある［Freeman 2010］。シエラレオネなどでは，武器を手放したことで元戦闘員が手にした報奨金が，何も罪を犯していない市民の年収を上回ることもあり，DDRの課題として指摘されてきた。したがって，これらの議論からも改めてアムネスティをめぐる現地の実態を明らかにする作業が必要であり，次節からはICCによる司法介入が行なわれながらも，アムネスティ法を運用してきたウガンダの事例をみていきたい。

3　ウガンダからみる平和と正義のダイナミズム

(1)　内戦の背景

　ウガンダは1894年から英国の保護領となったが，以前は大小さまざまな王国が存在していた。なかでも中南部に位置し，ガンダ人の国を意味するブガンダ（Buganda）王国が大きく，英国は現在のウガンダの地域を，ブガンダを通した総督による植民地行政によって支配した。この期間のブガンダと他の地域との格差が，1962年10月9日ウガンダ独立後にも民族間の争いの火種として残ることになる[4]。

　独立時の大統領にはブガンダの王であったムテサ2世が就任したが，1966年にオボテ（Milton Obote）がクーデターで政権を掌握する。だが，オボテも軍事司令官であったアミン（Idi Amin Dada）に1971年クーデターによって政権の座を追われた。オボテが社会主義政権であったため，アミンの大統領就任に西側諸国からの反発はなく，ウガンダは次第に軍事政権化していく。アミンは1972年にアジア人の追放を決め，オボテを支持した数十万の市民が迫害，殺害された。これに対し，タンザニアへ亡命していたオボテはムセ

ベニ（Yoweri Museveni）とともに 1979 年ウガンダ民族解放戦線（UNLF）を立ち上げアミン政権を打倒した。その後，1980 年の大統領選挙にてオボテは再び大統領に就任するも，仲違いしたムセベニ率いる国民抵抗軍（NRA）と激しい戦闘となった。しかも，この間に軍内でアチョリ派とランギ派の対立が高まり，オケロ（Tito Okello）率いるアチョリ派がオボテを 1985 年 7 月に打倒したことで，オケロは軍事評議会を設立し，軍事評議会議長（当時の国家元首）に就任した。だが，オケロもムセベニとの和平を合意することができず，1986 年 1 月の激戦後，NRA がカンパラを占領し，その後，ムセベニが大統領に就任した。

　ムセベニは 1986 年以降，多くの反乱に直面したが，最も長くかつ残忍な反乱としてウガンダ北部の紛争をあげることができる。その背景の一つには，アチョリ地域出身のオケロ政権が，ムセベニに打倒されたことで，北部ウガンダでは，旧政権下の元軍関係者が北部のさまざまな反政府勢力に取り込まれたことがあげられる。1980 年代には，アウマ／ラクウェナ（Alice Auma）率いる聖霊運動（Holy Spirit Movement）に勢いがあったが，1987 年政府軍との激しい武力衝突での敗北によって力を失った。そして，現われたのがラクウェナの後継者を名乗ったコニー（Joseph Kony）率いる神の抵抗軍（Lord's Resistance Army：LRA）であった。

　LRA の主張には一貫性がないとも言われるが［Clark 2018］，ムセベニ大統領率いる国民抵抗運動（NRM）の打倒が活動の根底にはあった。LRA はコニーと同じアチョリ人であっても従わない市民を次々と殺害し，少年少女を誘拐した。子どもの徴兵や司令官との強制結婚などの深刻な人権侵害が明らかになり，ウガンダ北部は国際社会からも関心の高い地域となっていった。政府軍は LRA に対して大規模な軍事作戦を展開したが，このときにアチョリ人の市民も殺害し，非人道的な犯罪に関与したことが明らかにされている［OHCHR 2007］。

　LRA に対する軍事作戦を進めながら，1999 年 11 月にウガンダ国会はアムネスティ法（Uganda Amnesty Act 2000）を可決した。そして，アムネスティ法は，ムセベニからの反対表明がありながらも承認され，2000 年 1 月に施行された。アムネスティ法は，1986 年 1 月にムセベニが政権を掌握した時点か

ら，ウガンダ政府に対する戦争や武装反乱に従事した者に対し，実際の戦闘への参加，反乱軍との協力，反乱運動への援助の提供の有無にかかわらず，アムネスティを与えることが規定されている。

(2) 国際刑事裁判所による司法介入と和平交渉

　ウガンダは 2002 年 6 月 14 日にローマ規程を批准した ICC 加盟国である。ICC 検察局は活動開始当初からウガンダでの内戦について把握していたものの，検察官の職権に基づいて捜査を開始しなかった。ICC 検察局が 2003 年に公開した政策文書では国内司法による捜査および訴追を促し，ICC による司法介入は最後の手段（last resort）に位置づけられた［OTP 2003］。だが，実際にはウガンダに対し，ICC へ付託するよう促し，ICC にとっての最初の事例として，実質的な国家の同意のもとで司法介入を行なう環境を整えようとした［Ryngaert 2009］。

　ウガンダ政府と LRA との和平交渉において最初の転換点となったのは，2000 年アムネスティ法の成立であった。LRA のメンバーは訴追免除と引き替えに武装解除に応じることが求められたが，当初 LRA はこの取引を拒否した。2003 年になるとウガンダ北部の治安状況はさらに悪化し，国内避難民キャンプも攻撃の対象となるなど深刻な状況に陥った。このため，2003 年にウガンダ政府は LRA の活動地域であったウガンダ北部について ICC に付託することにした。ウガンダ政府にとって都合の良い地理的に限定された付託を ICC が認めたことで，ICC がムセベニの政治的な道具になったとの認識がウガンダに行き渡ったと指摘される［Clark 2018］。ウガンダ政府は，LRA を ICC によって捜査されている不法な武装勢力に位置づけることで，政府軍のアチョリ住民への加害行為に対する批判をかわそうとした。

　ウガンダ政府から付託を受けた ICC は，2005 年に LRA の指揮官 5 人に逮捕状を発布した。予想されたとおり，政府軍側からは誰も ICC によって訴追されなかった。また，不処罰の終止を掲げる ICC が介入したことで，アムネスティ法の効力が不明瞭になった。南部スーダンは 2006 年にウガンダ政府と LRA との和平交渉をジュバにて仲介した（Juba Peace Talks）。当初，和平交渉は大きな進展をみせ，合意に達するかに思われた。アチョリの人びとの

地域の平和を願う支持を背に，ムセベニは和平交渉が合意に達すれば，ICCの起訴を回避し，コニーにアムネスティを与えることを約束した。だが，コニーは ICC からの訴追を理由に応じなかった⁽⁵⁾。

ジュバ和平交渉にてアムネスティが強調されたことで，ICC による司法手続きとウガンダ政府による政治判断との間の亀裂は決定的となった。ICC はアムネスティ法が不処罰を助長するとして，高位の指導者に対してはアムネスティを付与しないようウガンダ政府に要請した。しかし，ウガンダ政府は，自己付託を行なった当初は LRA の訴追に意欲的であったものの，LRA とのジュバ和平交渉を通して，刑事訴追よりもアムネスティを含む和解の優先を望むようになった。ICC は一度開始した司法手続きを国家の要請に従って停止することはできないが，ウガンダ政府は ICC に対し，これ以上同国に介入しないよう求めた［McGreal 2008］。

ウガンダ政府が設置したアムネスティ委員会は，約1万3千人もの LRA のメンバーに対しアムネスティ証明書を発行し，武装解除を進めた。LRA はメンバーを大量に失い，弱体化する。その結果，ウガンダ北部での暴力行為は劇的に減少した。他方で，ICC 逮捕状発布からすでに20年近く経とうとしているが，ウガンダ国内で同逮捕状が LRA のメンバーに執行されたことは現在までない⁽⁶⁾。

(3) アムネスティ法の成立と国内の反応

アムネスティ法の前文には，この法律が「武力による敵対行為を終わらせ，苦痛を与えた人々と和解し，コミュニティを再建したいというウガンダの人々の明白な願望を反映している」と記される。アムネスティ法の恩恵を受けたい武装勢力に加担した者は自発的に指定された政府機関で登録し，紛争放棄の宣言書に署名する。そして，所持している武器をすべて放棄し，投降しなければならない。この法律は一律に特定の集団の構成員に対し，アムネスティを付与しているわけではなく，個別に付与されることを規定している。アムネスティを求める者は，特定の犯罪を認める必要はなく，言わば「戦争や反乱への関与を放棄する」だけでよい。これまで，ウガンダ各地から約3万人の元兵士がアムネスティ法に基づく DDR プログラムに参加し，そのう

ち半数ほどが再定住支援を受けた。

　このように ICC 司法介入が行なわれていても，アムネスティ法は機能してきた。ウガンダ国民から広範な支持を集めてきたその背景に次の3点を指摘することができる。

　第一に，ウガンダではすでにアムネスティが付与された前例がウガンダ国内での成功体験として存在していた。たとえば，度々引き起こされてきたクーデターでは，新政府は旧政権メンバーに対し，アムネスティを停戦と引き換えに付与することがあった。また，西ナイル岸戦線（WNBF）へのアムネスティでは，帰還者が起訴されないことや軍が元兵士の故郷への再統合を支援することを保証された。このアムネスティを含んだ和平交渉によって，1998年に WNBF の反乱は終結した。(7)

　第二に，ウガンダ北部の多くの人びとは，LRA のメンバーであろうと，自分たちのコミュニティの子どもと捉える傾向が強い［Clark 2018］。言わば犯罪者であろうと身内であるという市民の認識があったため，アムネスティ，赦し，和解のプロセスが市民から広い支持を集めることとなった。もっとも，この背景には，第一次産業に従事する者たちが多いため，人手を確保しなければならないといった事情もある。だが，いずれにせよウガンダには反乱を止めて故郷に戻ることが奨励されるような，被害者と加害者との間の親密な関係性が存在した。これは，アチョリのコミュニティで罪を犯した者に対し，マト・オプト（mato oput）のような伝統的儀式を行なうことで，処罰を目的としない非公式な制度による和解と赦しのアプローチが実践されてきたことからもうかがえる。

　最後に，アムネスティ法の成立プロセスが草の根の運動によって成立したことがあげられる。アムネスティ法は，政府が主導して立案したわけではなく，市民社会組織によるロビー活動の成果であった。1994年に政府と LRA との間の和平交渉が崩壊した後，被害を受けた地域を中心に，和平交渉を再開ための運動が展開された。この流れで 1998 年にアチョリ宗教指導者平和イニシアチブ（ARLPI）が設立され，この ARLPI は，紛争終結の可能性を探るために LRA との対話を開始しようとした。そして，LRA との対話を進めるためにも，戦闘行為の終結と引き換えにアムネスティを認めるよう，

ARLPIは政府に要請し，これがアムネスティ法の成立につながったのである。

このようなコミュニティや市民による実践を鑑みたとき，ICCが掲げる不処罰終止との間に温度差があることがわかる。ただし，より着目すべきは，ウガンダ政府の戦略性であった。それは，ウガンダ政府があえてICCとアムネスティ法との関係を曖昧なままにしていると考えられるからである。たとえば，2002年に成立したテロリズム弾圧法（Anti-Terrorism Act）は，LRAをはじめとするテロ組織とみなされる集団を禁じ，そのような集団との接触を処罰する。また，グルの高等裁判所国際犯罪部（International Crimes Division）は，2018年からLRAのトーマス・クウォイエロ（Thomas Kwoyelo）に対する審理を始めているが，クウォイエロよりも上級の地位にいた者たちにアムネスティが付与されている事例もある。つまり，テロや国際犯罪に対し，ウガンダ政府は一貫した対応をしていない。ウガンダ政府はそのことを認識しながらも，明確な説明や対処を避けている。なぜなら，この曖昧な状況は，ウガンダ政府にとって法に則った対処ではなく，政治的判断の余地を生み出すことにつながっているからである。とすれば，このような紛争後の平和構築における平和と正義をめぐる曖昧な状況は，法の支配ではなく，政府にとって都合が良い選択肢を選ぶ機会を創出することにつながっている。

4 おわりに
―― 平和構築から国際法を考える ――

本稿ではウガンダでのICC司法介入とアムネスティをめぐって生起してきた問題を先行研究に基づき整理する作業を通し，紛争後社会の平和と正義の理論と実践を明らかにしてきた。ここでの考察から，ウガンダ政府は，政府の利益に結びつけられるときは，国際法を巧みに利用しようとしてきたが，そうでなければ国際法ではなく現地の意思を優先する姿勢をみせ，状況に応じて都合の良い選択をしてきた。ただし，これはウガンダに限った話ではなく，近年のアフリカ諸国はいかに外部の環境を自己の利益に結びつけることができるのかという戦略性を持ち，国際法も巧みに利用している［藤井

2021：2023］。このことは，他の先進諸国からみれば政治的かつ経済的に力の裏付けがない「弱い国家」かもしれないアフリカ諸国が，もはや一方的に国際法を押し付けられたり，それを受け入れたりする地域ではないことを示している。

　このような現況から，たとえ ICC が司法介入したとしても，紛争後には当事国の政治的意思が反映されやすい環境が形成されることがわかる。だが，このことは，国際法がまったく機能していないことを意味するわけではなく，むしろ，国際法を理解し，自身を正当化することで，国内に向けても国外に向けても説得的に立ち振る舞う国家が先進国だけではなく，アフリカのようないわゆる途上国の新たな行動様式として確認できる，ということである。そのため，国際社会が国際法を用いて正当性を掲げ，紛争後の社会に介入できたとしても，介入先がそのまま国際社会の論理を受け入れるとは限らず，その後の展開を予測することはきわめて困難となる。敷衍すれば，国際社会は ICC をはじめとする介入するツールが増えてきたからこそ，現地社会をどのように捉え，どのような介入を選択するのか，介入先にも選択肢があることを念頭に，これまで以上に考えねばならない。

　たとえば，ICC は補完性の原則を掲げており，現地の訴追の意思や能力を審理した上で介入を決定する。しかし，このローマ規程に定められた補完性の原則には，伝統的な赦しのメカニズムやアムネスティといった起訴や刑事罰を伴わないアプローチを考慮に入れることは想定されていない。[8]国際法が紛争地域に介入することで，現地社会の現実がどのように展開してきたのか，また展開するのか，政治学や地域研究の視座が考慮されることはほとんどない。これが結果として，現地社会の求める平和と訴追による平和との間の亀裂となってきた。もちろん，過度に現地を美化することはできないが，今一度，武力紛争後の社会に持続性のある平和を確立させるためのツールとして，国際法の視座を他の学問領域との協働を前提に広げることが求められているのではないか。そして，その先にて，国際法も武力紛争と平和をより立体的に捉える国際学の学際性に多大な貢献を果たすことができる，と指摘し本稿を結びたい。

【付記】本稿は JSPS 科研費［基盤研究（C）21K01343：代表 藤井広重］，同［基盤研究（S）「アフリカ潜在力」と現代世界の困難の克服］若手海外調査支援制度および宇都宮大学国際学部部局長戦略経費「ウガンダにおける恩赦法の現状と課題」の助成を受けた研究成果の一部である。また，2024 年 3 月に実施したエチオピアでのアフリカ連合および国連諸機関での本研究に係る調査にて，アフリカ連合日本政府代表部の福原玲於茜専門調査員（国際学部卒）に多大な支援を賜った。インタビュー調査にご協力いただいた皆様に感謝申し上げたい。

(1) 恩赦は刑が確定した後に付与されることを指すとする定義もあるため，本稿では amnesty の訳語を「アムネスティ」に統一し，用語の定義は次節にて提示する。
(2) OHCHR［2009］を参照。
(3) たとえば，シエラレオネ特別法廷は規程第 10 条にて「特別法廷の管轄権内にある者に与えられたアムネスティは，訴追の妨げとならない」と規定するが，アムネスティそのものを禁じているわけではない。
(4) 本稿におけるウガンダの史的記述は，Branch［2011］を主に参照している。
(5) 交渉の決裂を ICC だけの責任にすることはできないが，ICC が与えたネガティブな影響については Clark［2021］を参照。
(6) 現時点にて LRA のメンバーで ICC の裁判に臨んだ者は，2015 年 1 月に中央アフリカにて確保され ICC に移送されたオグウェン（Dominic Ongwen）ただ一人である。オグウェンが確保された際，ウガンダ政府は ICC ではなく自国での訴追を主張した。
(7) 本稿では紙面の都合でアムネスティ委員会の活動を詳細に論じることはできなかったが，詳しくは自身も同委員を務めた Miiro［2016］を参照。
(8) たとえば，越智［2018］や竹村［2022］は，一事不再理の原則からアムネスティをめぐる問題を論じており示唆に富む。関連する ICC による判決として，カダフィ大佐の次男（Saif Al-Islam Gaddafi）による受理許容性の異議申立がある。2019 年 4 月に予審裁判部および 2020 年 3 月に上訴裁判部のどちらも，被告人に付与されたリビア国内でのアムネスティが国際法とは両立しないと判断した。

■引用・参考文献

越智萌（2018）「国際刑事司法における恩赦と一事不再理の適用例外──「不処罰との闘い」構想の具体化の反映として」『国際公共政策研究』23 巻 1 号，75‐96 頁。
熊谷奈緒子（2020）「人権の普遍性とその濫用の危険性──人権概念の発展と地政学」北岡伸一・細谷雄一編『新しい地政学』東洋経済新報社，168‐210 頁。

篠田英朗（2007）『国際社会の秩序』東京大学出版会。
―――（2019）「国家建設の戦略的指針としてのオーナーシップ原則」藤重博美・上杉勇司・古澤嘉朗編『ハイブリッドな国家建設――自由主義と現地重視の狭間で』ナカニシヤ出版，67‐80頁。
下谷内奈緒（2019）『国際刑事裁判の政治学――平和と正義をめぐるディレンマ』岩波書店。
武内進一（2008）「アフリカの紛争と国際社会」武内進一編『戦争と平和の間――紛争勃発後のアフリカと国際社会』日本貿易振興機構アジア経済研究所。
竹村仁美（2022）『国際刑事裁判所の検察官の裁量』信山社。
藤井広重（2016）「国連と国際的な刑事裁判書――アフリカ連合による関与の意義，課題および展望」国際連合学会編『国連研究第17号』国際書院，121‐148頁。
―――（2021）「国際刑事裁判所をめぐるアフリカ連合の対外政策の変容――アフリカの一体性と司法化の進捗からの考察」『平和研究』57号，137‐165頁。
―――（2023）「国際刑事裁判所による司法介入とケニアの司法制度改革――ケニアでの不処罰終止に向けられた内と外の論理の変容」『国際政治』210号，79‐94頁。
藤重博美・上杉勇司・古澤嘉朗編『ハイブリッドな国家建設――自由主義と現地重視の狭間で』ナカニシヤ出版。

Akhavan, P. (2009) "Are International Criminal Tribunals a Disincentive to Peace? Reconciling Judicial Romanticism with Political Realism," *Human Rights Quarterly*, 31, pp. 624-654.
Autesserre, S. (2010) *The Trouble with the Congo: Local Violence and the Failure of International Peacebuilding*, Cambridge University Press.
Berdal, M and D. Ucko eds. (2009) *Reintegrating Armed Groups after Conflict: Politics, Violence and Transition*, Routledge.
Birdsall, Andrea (2009) *The International Politics of Judicial Intervention Creating a More Just Order*, Routledge.
Branch, Adam (2011) *Displacing Human Rights: War and Intervention in Northern Uganda*, Oxford University Press.
Clark, P. (2018) *Distant Justice: The Impact of the International Criminal Court on African Politics*, Cambridge University Press.
――― (2021) "The International Criminal Court's Impact on Peacebuilding in Africa," T. McNamee and M. Muyangwa eds., *The State of Peacebuilding in Africa*, Palgrave Macmillan.
Clayton, Govinda (2013) "Relative Rebel Strength and the Onset and Outcome of Civil

War Mediation," *Journal of Peace Research*, Vol.50, Issue 5, pp.609-622.

De Coning, C.（2013）"Understanding peacebuilding as essentially local," *Stability: International Journal of Security and Development*, Vol.2, Issue 1, p. Art. 6.

Fearon, James D.（2004）"Why Do Some Civil Wars Last So Much Longer than Others?," *Journal of Peace Research*, Vol.41, No.3, pp.275-301.

Freeman Mark.（2009）*Necessary Evils: Amnesties and the Search for Justice*, Cambridge University Press.

―――――（2010）"Amnesties and DDR Programs," *ICTJ Research Brief*, February 2010.

Greenawalt, A.（2009）"Complementarity in Crisis: Uganda, Alternative Justice and the International Criminal Court," *Virginia Journal of International Law*, Vol.50, No. 107, pp.107-162.

Grono, N. and A. O'Brien（2008）"Justice in Conflict? The ICC and Peace Processes," N. Waddell and P. Clark eds., *Courting Conflict: Justice, Peace and the ICC in Africa*, Royal African Society, pp.13-20.

Hellmuller, S. et al.（2014）*Is local beautiful? Peacebuilding between international interventions and locally led initiatives*, Springer.

Leonardsson, H and G. Rudd（2015）"The 'Local Turn' in Peacebuilding: A Literature Review of Effective and Emancipatory Local Peacebuilding," *Third World Quarterly*, Vol.36, Issue 5, pp.825-839.

Loyle, Cyanne E. and Christian Davenport（2016）"Transitional Injustice: Subverting Justice in Transition and Postconflict Societies," *Journal of Human Rights*, Vol.15, Issue 1, pp. 126-149.

Manas, J.E.（1996）"The Impossible Trade-off: 'Peace' versus 'Justice' in Settling Yugoslavia's Wars," R.H. Ullman ed., *The World and Yugoslavia's Wars, Council on Foreign Relations*, Council on Foreign Relations.

Mason, D., J. Weingarten and P. Fett（1999）"Win, Lose or Draw: Predicting the Outcome of Civil Wars," *Political Research Quarterly*, Vol.52, No.2, pp.239-268.

McGreal, Chris.（2008）"Museveni Refuses to Hand over Rebel Leaders to War Crimes Court," The Guardian, 13 Mar. 2008, https://www.theguardian.com/world/2008/mar/13/uganda.internationalcrime, accessed 30 January 2024.

Melin, Molly M. & Isak Svensson（2009）"Incentives for Talking: Accepting Mediation in International and Civil Wars," *International Interactions*, Vol. 35, Issue 3, pp.249-271.

Miiro, B. Ganyana.（2015）*Amnesty and Peace Building in Uganda*, Bugami Publishers

Ltd (1st published).

OHCHR (UN Office of the High Commissioner for Human Rights) (2007) *Report of the UN High Commissioner for Human Rights on the Situation of Human Rights in Uganda: Update Report on the Situation of Human Rights in Karamoja, from 01 Apr to 12 Aug 2007.*

――――― (2009) *Rule of Law Tools for Post-Conflict States: Amnesties*, HR/PUB/09/1.

OTP (ICC Office of the Prosecutor) (2003) *Paper on some Policy Issues before the Office of the Prosecutor.*

Richmond, O. P. (2010) "Resistance and the Post-liberal Peace," *Millennium*, Vol.38, Issue 3, pp.665-692.

Ryckman, Kirssa Cline (2020) "Lasting Peace or Temporary Calm? Rebel Group Decapitation and Civil War Outcomes," *Conflict Management and Peace Science*, Vol.37, Issue 2, pp.172-192.

Ryngaert, C. et al. (2009) *The Effectiveness of International Criminal Justice*, Intersentia.

Scheffer, D. J. (1996) "International Judicial Intervention," *Foreign Policy*, No.102, pp.34-51.

SLTRC (Sierra Leone's Truth and Reconciliation Commission) (2004) *Witness to Truth: Report of the Sierra Leone Truth and Reconciliation Commission,* vol. 3B, GPL Press.

Snyder, J. and L. Vinjamuri (2003) "Trials and Errors: Principle and Pragmatism in Strategies of International Justice," *International Security*, Vol.28, No. 3, pp.5-44.

Solomon, Christiana and Jeremy Ginifer (2008) *Disarmament, Demobilisation and Reintegration in Sierra Leone: Case Study*, Center for International Cooperation and Security.

UN. (2004) A/58/874, 20 August 2004.

――――― (2005) E/CN.2005/102/add.1, 8 February 2005.

Vinjamuri, L. (2010) "Deterrence, Democracy and the Pursuit of International Justice," *Ethics & International Affairs*, Vol.24, Issue 2, pp.191-211.

Watson, C. (2009) "Socio-economic reintegration of ex-combatants: what role for the European Union?," *Reintegration Briefing Paper 1.1*, International Alert.

Zartman, I.W. and V.A. Kremenyuk (2005) *Peace versus Justice: Negotiating Forward- and Backward-Looking Outcomes*, Rowman and Littlefield Publishers Inc.

おわりに
―― 次世代につなぐ,学際的な学問としての国際学の可能性 ――

　国立大学法人宇都宮大学国際学部は,1994年10月に,「実践的国際人」の育成を目的として,国立大学初の国際学部として設置された。以来,教育の場として,国内外で活躍する3000人を超える卒業生を社会に送りだし,また,研究の場としても,多くの国際学の発展に寄与する研究成果が生み出されてきた。本書の出版は,2024年10月に設置30周年を迎える宇都宮大学国際学部の記念企画として国際学を考える研究会を複数回実施するなかで,有志の教員によって練り上げられた論稿が持ち寄られ実現に至った。

　国際学部設置後の30年間にも,国内外で大きな変動が起こり,国際学もその都度,時代の要請に合わせ新しい取り組みを模索してきた。たとえば,国際学部は2017年4月に改組を行い,「多文化共生」を重視する教育プログラムを整え,「インクルーシブで持続可能な社会の実現に貢献する教育研究の推進」を理念として,教育,研究,そして社会貢献を進めている。このような国際学部で教鞭をとる教員たちが,国際学の方法,倫理,追及する課題に関して,学術的なスタイルをとって論じる論文集の刊行が,30周年記念の企画の一つとなったのである。

　「はじめに」で述べたように,国際学の特徴はその学際性にあり,本書の執筆者となっている教員たちの研究分野もまた多彩である。教員たちは文学部,法学部,経済学部,といった伝統的な専門学部で教えるのではなく,学際的な学部であり,なおかつ「多文化共生」や「持続可能な社会」などの規範的な目標をかかげる組織において,教育,研究,社会貢献に携わってきた。自らの専門分野では「常識」「前提」とされる認識枠組みや方法,倫理が,他の分野からは批判的な検討の対象とされうるし,授業を受講する学生たちも多様な分野を比較しながら問題を考察する習慣を身に付けている。そのような学際的な学び舎に身を置く研究者たちが,どのように自らの研究の方法や課題を選び,いかなる作業や考察を積み重ねてきたのか,その一端を本書が

示すことで，学際的な学問の営みにおいて確認できる意義や新たな課題を読者と共有できればと願っている。

　この「あとがき」を執筆している時点においても，ある人々は深刻な人権侵害を伴う武力紛争によって避難を余儀なくされ，ある人々は多様な構造的暴力によって傷つき涙している。そこには，誰が正しく，誰が悪いと割り切れるような世界は広がっていない。だからこそ，閉塞感に満ちた時代になっているが，それでも，自ら問いを立て，答えを探究する作業を諦めることなく続けようとする，次の世代の読者たちを，本書を通じて応援したいと思い本書の企画を進めてきた。国際学という学問分野に興味を抱き，学際的な分野を突き詰めようとする読者にとって，本書が今後に向けた一助となればこの上ない幸いである。

2024 年 6 月

清水奈名子・藤井広重

【付記】本書の出版に際しては，宇都宮大学からの出版助成を受けました。記して感謝いたします。また，本書は宇都宮大学国際学部の国際学叢書として刊行されました。

執筆者一覧

●編者

清水奈名子（しみず・ななこ）
宇都宮大学国際学部・教授　国際関係論・国際機構論（担当：はじめに，第3章，おわりに）

藤井広重（ふじい・ひろしげ）
宇都宮大学国際学部・准教授　国際法・国際人権／刑事法・平和構築論（担当：はじめに，第11章，おわりに）

●執筆者（執筆順）

阪本公美子（さかもと・くみこ）
宇都宮大学国際学部・教授　アフリカ地域研究・社会開発論（担当：第1章）

飯塚明子（いいづか・あきこ）
宇都宮大学留学生・国際交流センター・准教授　国際協力・コミュニティ防災（担当：第2章）

松井貴子（まつい・たかこ）
宇都宮大学国際学部・教授　日本文化論・比較文学比較文化・身体文化（担当：第4章）

中村真（なかむら・まこと）
宇都宮大学国際学部・教授　感情心理学・社会心理学（担当：第5章）

申惠媛（シン・ヒェウォン）
宇都宮大学国際学部・助教　社会学・移民研究・都市社会学（担当：第6章）

丁貴連（チョン・キリョン）
宇都宮大学国際学部・教授　比較文学比較文化・日本文学・韓国文学（担当：第7章）

戚傑（Jie Qi）
宇都宮大学国際学部・教授　教育社会学・外国語教育（担当：第8章）

松尾昌樹（まつお・まさき）
宇都宮大学国際学部・教授　中東地域研究（担当：第9章）

アルジョン・スギット（Arjon Sugit）
宇都宮大学国際学部・助教　東南アジア政治研究（担当：第10章）

探究の国際学
――複合危機から学際的な研究を考える――

2024 年 10 月 26 日　初版第 1 刷発行

|編　者|清水奈名子|
|藤井広重|

発行者　中西　良

発行所　株式会社 ナカニシヤ出版

〒606-8161　京都市左京区一乗寺木ノ本町 15
TEL　(075)723-0111
FAX　(075)723-0095
http://www.nakanishiya.co.jp/

© Nanako SHIMIZU 2024（代表）　装幀／白沢 正　印刷・製本／創栄図書印刷
＊落丁本・乱丁本はお取り替え致します。
ISBN978-4-7795-1820-1　　　Printed in Japan

◆本書のコピー，スキャン，デジタル化等の無断複製は著作権法上での例外を除き禁じられています。本書を代行業者等の第三者に依頼してスキャンやデジタル化することはたとえ個人や家庭内での利用であっても著作権法上認められておりません。